초등학생을 위한 똑똑한

GOOD NEWS : Why the World is Not as Bad as You Think
by Rashmi Sirdeshpande
Copyright © Rashmi Sirdeshpande 2021, Illustrations © Adam Hayes
All rights reserved.
Korean translation rights arranged with Darley Anderson Children's Book
Agency Ltd., London through Danny Hong Agency, Seoul.
Korean translation copyright © 2022 by Solbitkil

이 책의 한국어판 저작권은 대니홍 에이전시를 통한 저작권사와의 독점 계약으로 솔빛길에 있습니다. 저작권법에 의해 한국 내에서 보호를 받는 저작물이므로 무단 전재와 복제를 금합니다.

초등학생을 위한 똑똑한
좋은 뉴스

1판 1쇄 발행 2022년 4월 11일

지은이 라슈미 시르데슈판드
일러스트 애덤 헤이즈
옮긴이 이하영
발행인 도영
디자인 씨오디
편집 및 교정 교열 하서린, 김미숙
발행처 솔빛길 **등록** 2012-000052
주소 서울시 마포구 동교로 142, 5층(서교동)
전화 02) 909-5517
팩스 02) 6013-9348, 0505) 300-9348
이메일 anemone70@hanmail.net

copyright ⓒ Rashmi Sirdeshpande
illust ⓒ Adam Hayes

ISBN 978-89-98120-80-1 73300

* 책값은 뒤표지에 있습니다.

GOOD + NEWS
초등학생을 위한 똑똑한

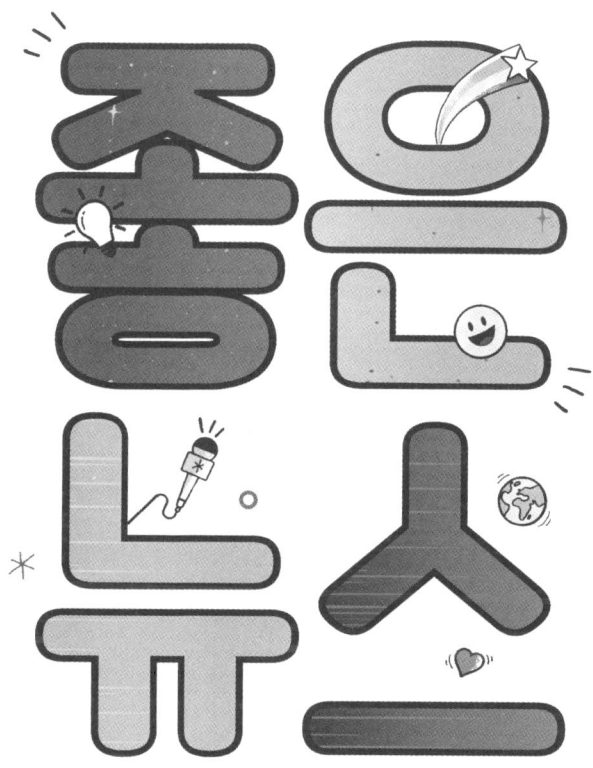
좋은 뉴스

지은이 **라슈미 시르데슈판드** | 옮긴이 **이하영**

솔빛길

차례

머리말　　　　　　　　　　　　　　　　　　　　6

제1장　좋은 사람들　　　　　　　　　　　　　25
친절함과 공감, 그리고 희망

제2장　좋은 정치　　　　　　　　　　　　　　40
선구자들, 드림팀, 그리고 더 나은 미래

제3장　좋은 지구　　　　　　　　　　　　　　62
슈퍼 나무, 친환경 자동차, 그리고 녹색 선행 잔뜩

제4장　좋은 건강　　　　　　　　　　　　　　90
건강 영웅들, 로봇, 그리고 신기한 화장실

제5장 좋은 사회　　　　　112
공정함, 목소리 내기, 그리고 세상을 바꾸는 방법

제6장 좋은 예술　　　　　131
여러분의 기분을 끌어올리는
발레부터 발리우드, 가상 갤러리, 낙서까지

이다음에는요?　　　　　148
자료의 주요 출처　　　　　154
인용문　　　　　　　　　　156
찾아보기　　　　　　　　　158

머리말

"더 살기 좋은 곳이 되어 가는 지구촌"

"멸종 위기 호랑이의 놀라운 귀환"

"점점 더 똑똑해지는 요즘 어린이들"

우리는 이런 뉴스를 보고 싶어 해요. 인류애, 친절함, 선함을 증명하는 순간들 말이죠. 그리고 세상은 분명 이런 좋은 것들로 가득해요. 하지만 어른들이 뉴스를 보거나 가게에서 신문을 뒤적이는 모습을 지켜보면, 안 좋은 소식들밖에 눈에 안 들어와요. 아주 안 좋은 소식들요.

여러분이 막 우리 행성에 착륙한 외계인이라고 상상해 보세요(인간의 다양한 언어를 이해할 수 있는 외계인이어야겠죠?). 여기저기를 돌아다니며 길거리와 빌딩과 사람들을 구경하는 거예요. 그러다가 심각한 이야기로 가득한 신문을 발견해요. 범죄와 비극, 망가져 가는 지구 등 모든 게 끔찍하고, 점점 더 나빠져만 가고 있고, 아무도 이 상황을 어떻게 할 수 없다는 이야기 말이에요. 여러분이라면 이 행성에 더 머무르고 싶겠어요? 아니면 곧바로 우주로 뒷걸음질해서 최대한 멀리멀리 떨어지려 하겠어요?

여러분은 아마 이미 우주로 도망치는 중일 거예요. 뉴스는 우리 인간들이 완전히 **망했다고** 말해 주고 있으니까요.

> 잠시만 기다려! 그게 이야기의 전부는 아니야. 일부에 불과해.

잠깐 일시 정지 버튼을 누르고, '이야기'라는 단어에 집중해 볼까요? 중요한 단어이니까요. '뉴스'란 '이야기'예요. 책과 영화 속의 이야기를 떠올려 보세요. 여러분이라면 무엇을 읽고 무엇을 보고 싶겠어요?

1번: 아무 일도 일어나지 않음. 어떤 일이 일어나도 사소하고 지루한 일일 뿐임. 상황은 대체로 괜찮고 끝에는 모두가 잠자러 집에 감.

아니면……

2번: 신나는 책과 흥미진진한 영화는 어때요? 어떤 이야기들인지 여러분도 잘 알 거예요. 너무 흥미진진해서 도저히 내려놓을 수 없는 책, 다음에는 무슨 일이 일어날지 너무 알고 싶어서 반드시 끝까지 봐야 하는 영화 말이죠.

사람들은 대부분 2번을 선택할 거예요. 우리 인간들은 재미있는 이야기를 좋아해요. 이건 뉴스의 특징이기도 하죠. 뉴스는 재미있는 이야기를 전달해요. 손에 땀을 쥐게 하는 이야기요. 우리가 좋아하든 좋아하지 않든 관계없이, 자극적이고 무서운 이야기는 사람들이 귀를 기울이게 해요. 더 보고 더 읽고 싶어 하게 만드는 거죠. 그런 이야기는 우리 기억에 오래 남을 뿐만 아니라, 남들에게도 전달하고 싶게 만든답니다. 그리고 정신을 차려 보면 '어라?' 하는 사이에 그 뉴스는 이미 세계 일주를 끝낸 상태인 거예요.

이것이 바로, 우리 귀에 무서운 소식이 자주 들려오고, 좋은 소식은 별로 들려오지 않는 이유랍니다. 이 책은 바로 그 **좋은 소식**을 다루고 있어요. 좋은 소식도 분명 존재하거든요. 그것도 아주 많이요. 단지 점진적인 발전이나 작은 선행, 매일매일 사람들이 좋은 일을 한다는 소식은 비교적 방송을 덜 탈 뿐이죠. 솔직히 그런 소식은 모든 게 다 망했다고 외치는 자극적인 머리기사처럼 흥미진진하지는 않잖아요.

"이웃 어르신의 안부를 확인하고
격려하는 사람"

"2019년
이산화 탄소 배출량은
2018년과 동일"

마지막 머리기사는 별것 아닌 듯하지만, 실제로는 **엄청난** 뉴스가 될 거예요. 사람들이 풍력이나 태양열 같은 재생 에너지를 많이 사용했다는 의미이고, 인류가 탄소 배출의 정점을 지나왔다는 의미일 수도 있으니까요. 어쩌면 앞으로는 탄소 배출량이 줄어들지도 몰라요.

나쁜 소식을 훨씬 더 많이 접하면, 세상이 실제보다 훨씬 나쁜 상황에 처해 있다고 생각하기 쉬워요. 하지만 우리는 좋은 소식에도 귀를 기울여 줘야 해요. 그래야 우리 세계가 얼마나 훌륭한 곳인지, 그리고 **여러분이** 거기에 어떤 좋은 영향력으로 이바지할 수 있을지 알 수 있으니까요.

인간은 어쩌다가 '걱정'과 함께하게 되었을까요? 수천 년 전, 약간의 걱정은 잡아먹히지 않는 데 도움이 되었기 때문이에요. 자만하다가 포식자에게 먹히느니, 시도 때도 없이 위험을 감지하고 그림자나 낯선 소리에도 펄쩍펄쩍 놀라며 안전하게 사는 쪽이 훨씬 나았던 거죠. 하지만 이는 또한,

인간은 걱정쟁이

자, 이쯤 되면 여러분도 궁금할 거예요. 어째서 우리 인간들은 나쁜 소식에 그렇게 관심을 가지는 걸까요? 사실 말이죠, 우리는 걱정하도록 설계되어 있어요……

오늘날 부정적인 것이 긍정적인 것보다 우리에게 훨씬 더 큰 영향을 주는 결과를 불러일으켰어요. 우리는 부정적인 것에 쉽게 정신을 빼앗기고, 기억에도 부정적인 것이 더 오래 남아요.

문제는 그게 끝이 아니라는 거예요. 우리 뇌는 시간과 에너지를 아끼기 위해 **지름길**로 가는 걸 좋아해요. 역시나 우리 선조들로부터 비롯된 습관이죠. 뇌가 애용하는 지름길 중 하나는, 당장 머릿속에 떠오르는 정보에 의존하는 거예요. 사방에서 나쁜 소식이 보이고 들리기 때문에, 우리는 끔찍한 일의 예시를 매우 선명하게 떠올리곤 해요. 그리고 이런 끔찍한 일들은 기억하기가 쉬우므로, 실제보다 훨씬 자주 일어나는 것처럼 느껴지는 거예요. 예를 들어 볼게요. 뉴스에 상어가 사람을 공격했다는 이야기가 나온 적이 있어요. 워낙 강렬한 탓에, 상어의 공격으로 사망하는 사람이 많다고들 생각해요. 사실은 아닌데도 말이죠. 상어에 의한 사망 사고는 매우 흔치 않아요(연간 5건 정도 되죠). 전 세계적으로 훨씬 더 많은 사람이 코끼리나 하마의 공격에 희생돼요(그리고 물론 세상에서 제일 위험한 생물체, 모기에게도요!).

우리의 뇌는 말하자면 나쁜 소식을 찾고 기억하도록 설정이 되어 있는 거예요. 그리고 우리가 나쁜 소식을 너무 자주 접하고 기억에 쉽게 남기 때문에, 세상만사에 대해 실제보다 더 나쁜 인상을 받기 쉬워요. 그러니 만약 세상이 좀 무섭고 불확실한 곳으로 느껴진다면, 충분히 이해해요. 어쩌면 주변의 어른들이 많은 것들에 대해 걱정하고 스트레스를 받는 것 같아서, 여러분 본인도 그래야 한다는 생각이 들지도 몰라요. '나도 걱정해야 하는 게 아닐까?' 하고요. 어려운 문제예요. 그렇죠?

자, 저도 세상일이 전부 잘 돌아가고 있다고 말하려는 건 아니에요. 나쁜 일은 분명 많이 일어나고 있고, 세상을 더 나은 곳으로 만들기 위해 해야 하는 일도 많아요.

당연하죠.

하지만 우리가 해야 하는 일 중 일부는 이미 이루어지고 있어요. 그리고 사실 세상에는 좋은 소식이 많아요! 찾아내기만 하면 되는 거예요.

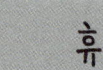 휴!

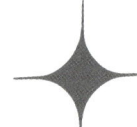

이 책에서는 그런 수많은 좋은 소식에 조명을 비추고 싶어요. 우리 모두에게는 기분이 좋아지는 행복한 일들이 필요하니까요. 우리의 걱정거리를 전부는 아니어도 몇 가지 정도는 잠재워 줄 것이 필요해요. 그리고 모두에게는 희망이 필요하죠. 희망은 정말 중요해요. 만약 누군가가 희망을 병에 담아 파는 방법을 발견한다면, 억만장자가 될걸요? 우리 모두 밝고 신나는 미래를 기대할 수 있어야 해요. 한 명 한 명이 그 미래의 중요한 일부이니까요. 뭐, 그렇게 된다면 정말 좋을 것 같지 않나요?

자, 그럼 어디 한번 해 볼까요? **좋은 일**에 관해 이야기해 봐요. 선한 권력자부터 긍정적인 변화를 불러오는 회사, 지구를 치유하는 나무, 보건·의료를 돕는 로봇, 그리고 하루 한 걸음씩 세계를 더 좋은 곳으로 만들어 나가는 사람 등에 대해서요. 이런 것들을 많이 칭찬하면, 우리가 살아가는 이 세상에 대해 자부심을 가질 수 있게 돼요. 그리고 우리가 함께 노력하면 언젠가는 밝은 미래가 다가올 거라는 기대를 가질 수 있게 되죠.

왜인지 알아요?

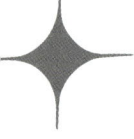

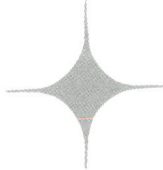 저는 우리 모두를 믿기 때문이에요.

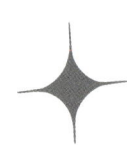

그리고 이 책을 읽은 다음에는 여러분도 그렇게 되기를 바라요. 시작하기 전에 한 가지 짚고 넘어갈 점이 있어요. 좋은 소식이든 나쁜 소식이든 뉴스에 관해서 이야기하려면 제일 먼저 논해야 할 아주 중요한 주제가 있어요. 바로 **가짜 뉴스**예요.

어린이 탐정의 빠르고 유용한
가짜 뉴스 탐지법

'가짜 뉴스'라는 것에 대해 들어 본 적이 있나요? 가짜 뉴스는 오늘날 큰 문제가 되고 있지만, 탐정 모자를 쓰면 진실을 밝혀낼 수 있답니다.

가짜 뉴스란 무엇인지, 그리고 가짜 뉴스를 밝혀내기 위해서는 어떻게 해야 하는지에 대한 매우 빠르고 유용한 지침을 제시해 볼게요.

가짜 뉴스는 사실이 아닌 뉴스예요. 거짓이거나, 오해를 사기 쉬운 뉴스죠.

가짜 뉴스에는 크게 두 가지의 종류가 있어요.

허위 정보: 의도적으로 사람들을 속이기 위한 이야기

오(誤)정보: 의도적이지 않은 거짓 이야기

어떤 이야기는 허위 정보로 시작되었다가 시간이 흘러 오정보로 변할 수도 있어요. 예를 들어 볼게요. 만약 여러분이 과자를 훔쳤는데 사람들에게 '갑'이라는 사람이 그런 거라고 말을 했다고 쳐 봐요. 그건 허위 정보예요. 그런데 다른 누군가가 그 이야기를 듣고, 그게 거짓말인 줄 모르는 상태에서 다른 사람들에게 '갑'이 과자를 훔쳤다는 이야기를 퍼뜨려요. 그건 오정보예요.

그냥 실수인 경우도 있어요. 어쩌면 뉴스 기사를 쓰는 사람이 사실 확인을 제대로 안 했을 수도 있죠. 뉴스를 빨리 내보내려고 서두르다가 그렇게 된 걸 수도 있고요(언론사는 아무래도 경쟁이 치열한 곳이니까요.). 보통, 사실이 수면 위로 드러나면 실수한 기자들은 기사를 정정하곤 해요. 이런 건 일부러 사실과 다르게 꾸며 낸 정보와는 완전히 달라요! 우리가 주의해야 하는 건 바로 이런 정보, 즉 사실과 다르게 꾸며 낸 정보예요.

가짜가 아닌 가짜 뉴스

헷갈리게도, 몇몇 사람들은 종종 사실인 이야기를 '가짜 뉴스'라고 손가락질하곤 해요. 그 뉴스가 사실이 아니기를 바라거나, 여러분이 그게 사실이라고 생각하지 않기를 바라기 때문이에요! 그 때문에 무엇을 믿어야 할지를 파악하기가 어려울 수도 있어요. 하지만 가끔은 가짜로 '가짜 뉴스'라고 말하는 것을 포착할 수 있을 때도 있어요. 사람들이 확고한 증거 없이 뉴스가 '가짜'라고 주장할 때예요. 증거가 여러분의 친구랍니다!

"나는 그 과자 안 훔쳤어요! 가짜 뉴스예요! 사람들 말은 듣지 마세요. 왜냐하면, 음, 가짜 뉴스이니까요!"

가짜 뉴스는 새로울 것이 없어요

가짜 뉴스는 아주 오랜 시간 동안 존재해 왔어요. 고대에는 왕, 전사, 병사 들이 자신들이 대군과 무시무시한 무기를 지녔다고 허풍을 쳐서 적군이 공격해오지 못하도록 했어요. 또한, 사람들이 자신의 적에서 등을 돌리고, '우리 편'이 최고이고, 제일 잘하고 있다고 오해하게 만들기 위해서도 가짜 뉴스를 사용했어요. 고대 로마에서는, 율리우스 카이사르가 죽은 뒤 그의 양자인 옥타비아누스가 가짜 뉴스를 퍼뜨려 카이사르의 장군 마르쿠스 안토니우스의 명성을 해치려 하기도 했죠. 심지어는 동전에 안토니우스에 반대하는 문구를 넣기도 했어요! 전쟁 중에도 가짜 뉴스를 찾아볼 수 있었어요. 가짜 뉴스는 정치인들이 사람들을 자신의 편으로 만드는 데 사용하는 은밀한 도구이기도 해요. 그런 방식으로 사용되는 가짜 뉴스를 특히 '프로파간다'라고 해요.

가짜 뉴스는 빠르게 퍼져요

오늘날 가짜 뉴스의 큰 문제는 뉴스가 퍼지는 속도예요. 옛날 옛적, 인터넷과 텔레비전, 라디오와 인쇄기가 없을 때에는 사람들이 새로운 소식을 접하는 데 엄청나게 오랜 시간이 걸렸어요. 뉴스를 빨리 퍼뜨리기 위해서는 아주 큰 목소리로 마을에 소식을 전하는 관원이나, 전서구(편지를 전하는 비둘기), 말을 탄 전령이 필요했죠. 그러다 1440년대에 인쇄기가 발명되었어요. 그 인쇄기를 사용하면 책, 전단, 신문, 포스터를 대량 생산할 수 있었죠 (그 전에는 대체로 한 장 한 장 손으로 썼답니다!). 인쇄기 덕택에 소식은 훨씬 더 멀리, 훨씬 더 빨리 퍼질 수 있게 되었어요. 하지만 오늘날은 어떤가요? 인터넷 덕택에, 버튼 하나만 클릭하는 것만으로도 충분하게 되었죠!

클릭!   보내기   공유하기

좋아요!   모두 여기 주목!!!

여러분도 분명 SNS를 사용하는 사람들을 알 거예요. 그러니 영상이나 사진이 얼마나 빠르게 세상을 한 바퀴 휙 돌 수 있는지, 얼마나 쉽게 입소문이 나는지도 잘 알겠죠. 뉴스에도 비슷한 일이 일어날 수 있어요. 하지만 어째서 뉴스가 그렇게 많이 공유되는 걸까요? 여기에는 많은 이유가 있어요. 어쩌면 뉴스 자체가 흥미롭거나, 흥미로운 사람(유명인 등)에 관한 것일지도 몰라요. 어쩌면 사람들을 웃게 만드는 소식이어서 그런지도요. 어쩌면 매우 놀랍거나 충격적인 이야기일 수도 있고요. 단순히 흥미진진한 가십거리여서 그런 걸 수도 있죠. 그런 걸 어떻게 공유하지 않고 배기겠어요? 가짜 뉴스의 특성은 앞에서 말한 조건 중 최소한 한 개에는 해당이 된다는 거예요. 그래서 사실상 지구 한 바퀴를 도는 게 보장되어 있고요.

마야가 카를로스에게 새로운 소식을 들려줘요. - 카를로스는 아키코를 비롯한 자신의 친구들 모두와 소식을 공유해요. - 아키코는 또 노아를 비롯한 자신의 친구들과 공유해요. ······.

낚시성 기사

'낚시성 기사'란 낚시에 미끼를 꿰어 물고기를 잡듯이 기사를 읽게 할 목적으로 엄청나게 흥미진진하고 자극적인 제목을 단 기사를 뜻해요. 이런 기사는 사실상 이렇게 소리를 지르고 있는 거나 다름없죠.

나를 클릭해 줘, 나를 읽어 줘,

나를 모두에게 널리 퍼뜨려 줘!

이게 어느 정도이냐면, 사람들이 이런 기사를 실제로 읽기도 전에 공유할 정도예요! 언론사들은 그런 걸 매우 좋아해요. 온라인 기사 같은 경우에 언론사의 일은 여러분이 기사를 클릭하게 만드는 거니까요. 어째서일까요?

과일이 사실 건강에 나쁜 것으로 밝혀져…….

사실이 **아니에요!** 걱정할 필요 없어요.
탐정님들. 과일이 건강에 나쁜 건,
지나치게 많이 먹었을 때뿐이랍니다.

당신이 사랑하는 영화배우에 관한 충격적인 진실…….

기사 옆에 자기 회사 제품을 광고하려는 광고주들에게 돈을 받기 때문이죠. 낚시성 기사스러운 머리기사와 사진 설명이 붙은 그럴듯한 온라인 기사는 클릭 수와 공유 수를 늘림으로써 돈을 법답니다.

여기, 메아리가 울려요오오?!
울려요오오.
울려요오오.

이야기가 빨리 퍼지도록 돕는 또 하나의 재료는 확증 편향이라는 현상이에요. 굉장히 어렵게 들리는 말이죠? '확증 편향'이란 우리 인간들은 자신이 이미 동의하는 정보를 찾고, 동의하지 않는 것은 무시하는 경향이 있다는 뜻이에요. 어떤 사람이 자신이 동의하는 내용의 기사를 보면, 그걸 공유하고 그것에 관해 말할 가능성이 더 높다는 거죠. (인류가 달 착륙을 이루어 낸 적이 없다고 믿는 사람들도 있답니다. 그게 다 사기극이었다고요. 닐 암스트롱과 버즈 올드린에게는 안될 일이죠! 만약 이런 사람들이 자신의 주장을 뒷받침하는 기사를 보면 당연히 공유하겠죠? 어쩌면 스스로 읽어 보기도 전에요!)

게다가 친구들끼리는 어느 정도(혹은 아주 많이) 비슷한 의견을 공유하는 경우가 많아요. 덕택에 비슷한 내용의 뉴스만 계속 보는 결과로 이어지죠.

마치 반향실처럼요……. 반향실처럼요…….

'반향실'이란 소리가 잘 울리는 방을 말해요. 반향실 효과의 무서운 점은, 우리가 특정한 정보에 갇혀 새로운 정보를 받아들이지 못하게 된다는 점이에요. 비눗방울 속에 갇힌 것처럼요. 비눗방울 안은 안락하게 느껴질지 모르지만, 다른 사람들의 의견에 귀를 기울이는 건 매우 중요하답니다. 그래야만 나 자신의 믿음과 생각을 검증할 수 있고 새로운 것을 배울 수 있어요.

설사 그 뉴스가 당신의 신념과 일치하더라도, **설사** 그걸 공유한 사람이 당신이 아는 가장 똑똑하고 가장 정직한 사람일지라도 말이에요.

누가 알아요? 어쩌면 공유한 사람이 지나치게 서두른 것일 수도 있어요. 오늘날 우리 모두가 마주한 큰 문제는……

정보 과다이니까요!

세상에는 정보가 너무 많아요. 그리고 그 정보는 우리에게 엄청나게 빠른 속도로 전달되고 있죠. 거기에 가짜 뉴스까지 더해지면 심각한 문제가 생겨요. 뉴스는 우리에게 도움이 되어야 하는데, 양이 지나치게 많고 거기에 가짜 뉴스까지 더해지면 우리는 당연히 혼란스럽고, 짜증이 나고, 스트레스를 받게 되죠. 거기다 사실이 아닌 것을 믿고 공유하는 사람들이 많아지면 위험해질 수도 있어요.

우리의 과제는 정보를 걸러 내고, 사실과 꾸며 낸 이야기를 구분하는 거예요. 어렵지만 분명 가능한 일이랍니다.

탐정 여러분, 가짜 뉴스 레이더를 켤 시간이에요

일단 멈추세요. 그리고 생각하세요. 모든 것에 의문을 제기하세요. 험한 세상이고, 믿을 만한 사람이 아무도 없어서 그러라는 게 아니에요. 하지만 여러분은 탐정이잖아요? 훌륭한 탐정이라면 누구나 주어진 정보가 말이 되는지 검증하는 것이 좋은 습관임을 알아요. 그렇다면 검증은 어떻게 하냐고요? 다음 물음들을 던져 보세요. 곧 가짜 뉴스를 구별할 수 있게 될 거예요.

● **잠깐, 이 글을 쓴 사람은 누구지?**

출처를 확인하세요. 정보가 어디에서 왔는지를 확인하는 거예요. 여러분이 그 정보를 접한 곳이 어딘가요? 라디오? 신문? 객관적인 사실에 기반한 기사인가요, 아니면 광고성이 짙은 기사인가요? 이 글을 쓴 사람이나 단체의 신념은 무엇인가요? 그들이 믿는 가치는요? 웹 사이트에 올라온 기사라면, '단체 소개' 페이지를 읽어 보세요. 왜 이 사람들의 기사가 여러분을 특정한 방향으로 유도하려 하는지 알 수도 있을 거예요.

● **이 글을 발행한 사람은 누구지?**
그 사람을 믿을 수 있나요? 여러분이 사는 나라에는 믿을 만한 언론사나 공식적인 기관이 있을 거예요(존재하기를 진심으로 빌어요!). 어떤 곳은 어린이 독자를 위한 맞춤 기사를 제공하기도 해요. 반대로 말하면, 사실을 잘못, 음…… 창의적으로 재해석하는 것으로 유명한 곳들도 있을 거예요. 이 부분에 대해 어른들과 이야기를 나눠 보는 건 어떨까요? 부모님이나 선생님, 도서관 사서도 좋겠네요. 사서들은 가장 믿음직한 정보의 출처에 대해 많이 알고 있답니다.

> 좋은 탐정은 전문가에게
> 도움을 청하는 것을 두려워하지 않아요.

● **이 글은 여러분에게 어떤 기분이 들게 하나요?**
이 글을 쓴 사람은 독자가 어떤 기분을 느끼게, 혹은 어떤 사실을 믿게 하려 드나요? 가짜 뉴스는 사람들을 흥분하게 만들어요. 만약 어떤 이야기가 여러분을 흥분하게 만들려고 하는 것 같다면, 돋보기를 꺼내 더 세심하게 살펴보세요.

● **날짜를 확인했나요?**
언제나 글을 실은 날짜를 확인하세요. 옛날 글이 재활용되어 오해를 불러일으키기도 한답니다.

● **전문가의 말을 인용했나요?**
기사에서 정부 기관이나 세계 보건 기구(WHO), 국제 연합(UN) 같은 공식적인 출처의 정보를 사용했나요? 가짜 뉴스는 대체로 그런 류의 정보를 사용하지 않아요. 가짜 뉴스에는 사실보다는 의견의 비중이 높답니다.

● **사실 확인을 할 수 있나요?**

똑같은 이야기를 또 다른 평판이 좋은 웹 사이트에서 찾을 수 있나요(정말 안전하려면 세 개의 웹 사이트에서요)? 웹 사이트가 아니라도, 예를 들어 사람을 통해 사실 확인을 할 수 있어요. 그 주제에 관해 잘 아는 사람이 주변에 있는지 찾아보세요.

● **누가 사진에 장난을 치지는 않았나요?**

여러분 눈으로 가짜 사진을 확인할 수 있을 때도 있지만, 언제나 그런 건 아니에요. 기술의 발전 덕택에 이제 정말 진짜 같아 보이는 가짜 사진과 영상을 만들어 낼 수 있게 되었어요. 하지만 뭔가 이상하다고 느껴진다면, 어떻게 해야 할까요? 돋보기를 꺼내 들 시간이에요!

● **웹 사이트가 좀 수상하지는 않나요?**

.gov, .ac, 또는 .com 같은 일반적인 웹 사이트 주소(URL)인지 확인하세요(하지만 기억할 것. .com은 누구나 구매할 수 있는 도메인이에요). 그리고 맞춤법과 문법이 잘 들어맞는지도요. 믿을 만한 뉴스 사이트의 언론인이라면 이런 걸 네 번 다섯 번 확인하거든요. 굵은 글씨체나 밑줄, 느낌표 같은 것도 주의하도록 해요. 공신력 있는 언론사는 이런 것들을 사용하지 않아요!!!!!!!!!!!!!!!!

● **혹시 장난처럼 쓴 글은 아닌가요?**

진짜로요. 어떤 기사는 무언가, 또는 누군가를 놀리기 위해 쓰이기도 해요 (디 어니언The Onion, 더 데일리 매시The Daily Mash, 프라이빗 아이Private Eye 같은 인터넷 매체의 글처럼 요). 이런 글의 목적은 사람들이 오해하게 만드는 게 아니라, 웃음을 주거나 특정한 메시지를 주는 거예요. 이런 것을 '풍자'나 '패러디'라고 하며, 이것은 가짜 뉴스와는 완전히 달라요.

하지만 풍자나 패러디도 잘못 흘러갈 때가 있어요. '달 장난 사건'이 그런 예죠. 1835년, 신문 '뉴욕 선'지에서는 달에 사는 생명체에 관한 기사를 잔뜩 실었어요(사진까지요!). 미니 얼룩말, 유니콘, 박쥐 날개를 단 사람들이 등장했죠. 풍자를 의도한 것이었지만, 일반 대중은 그걸 실제로 믿었답니다! 이 꾸며 낸 이야기는 엄청나게 인기를 끌어서, 세상 곳곳에 퍼지기까지 했어요.

● **마지막으로, 여러분의 감은 뭐라고 말하고 있나요?**

머리기사와 본문이 믿음직하게 보이나요? 지나치게 충격적이거나 허무맹랑한 내용은 사실이 아닐 수도 있어요.

마지막 항목은 매우 중요해요. 우리 모두는 자기 나름대로 감이 있어요. 만약 느낌이 안 좋다면…… 그 기사는 아마도 가짜일 거예요. 그게 아니더라도, 최소한 잠시 **멈춰** 다시 한 번 **생각**하고 여러 개의 믿을 만한 매체에서 내용을 확인해 보라는 신호예요.

잘 이해되었나요?

고려해야 할 부분이 너무 많다고 생각될 수도 있다는 거, 알아요. 하지만 혼자 모든 것을 할 필요는 없어요. 어떤 뉴스를 보고

찝찝한 마음이 든다면, 친구, 가족, 선생님과 이야기를 나눠 보는 게 좋아요. 탐정은 홀로 일하지 않잖아요. 머리를 맞대고 고민하는 건 진실을 밝히는 데 큰 도움이 돼요. 그리고 일단 가짜 뉴스를 판별해 내기 시작하면, 점점 더 잘하게 될 거예요. 가끔은 방심했다가 가짜 뉴스에 속아 넘어가는 일도 있을 거예요(우리 모두에게 한 번쯤은 일어나는 일이죠!). 그런 경우를 제외하면, 여러분의 **가짜 뉴스 탐지기**는 꽤 잘 작동할 거라고 생각해요.

기본적으로, 제가 하고 싶은 말은…… 이런 이야기를 지나치게 부담스러워하지는 말라는 거예요. 여러분은 여전히 신문 기사를 읽고 뉴스를 보면서 세상에 대해 배워 나갈 수 있어요. **단지 경계심 스위치를 언제나 켜 놓아야만 한다는 거죠.**

제 1 장

좋은 사람들
친절함과 공감, 그리고 희망

우리가 살아가는 이 세상에 대해 희망을 품기 전에, 제일 먼저 이 세상에서 가장 바쁘고, 가장 널리 퍼져 있고, 가장 말썽이 많은 거주자에 대해 희망을 품어야 할 거예요. 바로 우리, **인간** 말이에요.

인간은 끔찍한 일을 많이 저질러요. 우리만큼 지구에 막대한 손해를 끼치고, 이런 수준의 환경 파괴를 일으킨 동물은 없어요.

슬프지만 사실이에요.

여러분은 어쩌면 이렇게 생각하고 있을지도 몰라요. '좋은 소식을 다루는 책을 이런 말로 시작해도 돼?' 만약 여러분이 인간이 사실은 근본부터 악한 존재인지 고민하고 있다면, 여러분만 그런 고민을 하는 건 아니라는 걸 알려 주고 싶어요. 위대한 사상가와 철학자 들이 이 문제를 수천 년간 논의해 왔지만, 정답을 내놓은 사람은 아직 없답니다. 하지만 기억해야 할 건, 인간이 100% 완벽하게 선할 필요는 없다는 거예요(휴!). 그저 작은 틈으로 들어오는 약간의 빛과 **희망**이면 충분해요. 우리 안에 충분한 선함이 깃들어 있다면, 우린 분명 괜찮을 거예요. 그리고 있잖아요. **좋은 소식**은, 저는 우리에게 정말로 충분한 선함이 존재한다고 생각해요. 만약 누군가가 그렇지 않다고 말하려 할 때를 대비해, 그 논쟁에서 이기기 위한 무기를 드릴게요.

#1 인간에 대한 신기하고 기쁜 사실: 우리에게는 공감 능력이 있어요

인간은 사실 대체로 다른 인간을 좋아해요. 우리는 사회적인 동물로 태어났고, 협동할 수 있기에 종으로서 살아남았어요. 우리 조상들이 사냥과 채집을 하던 시절에는 집단으로 행동하는 것이 식량을 찾고 무시무시한 포식자들의 공격에서 살아남는 데 도움이 되었어요. 우리는 사실상 사람들과 **연결**되고, 서로를 돌봐주도록 설계된 거예요. 공감 능력은 그 설계의 중요한 코드 중 하나죠. 여기에는 두 가지 부분이 있어요.

1. 우리는 감정적이에요

우리는 단지 누군가를 가여워할 뿐만 아니라, 그 사람의 감정을 함께 느껴요. 영화를 보다가 화면 속 인물이 몹시 슬퍼하는 경우가 있죠? 그런 장면을 보면서 내게도 감정이 생겨나는 경우가 있지 않던가요? 또 누군가가 발가락을 찧는 모습을 목격하면, (어이쿠!) 보는 것만으로도 뭔가를 느끼게 되죠. 내 발가락을 찧는 것만큼은 아니지만, 좀 날카롭고 소름 끼치는 감각이 느껴질 거예요. 연구 결과에 따르면 누군가가 고통받는 모습을 볼 때, 우리 뇌의 고통을 인지하는 부분이 반응한다고 해요. 마치 우리가 직접 고통을 받는 것처럼요!

2. 우리는 다른 사람의 입장에서 생각할 수 있어요

알고 보니, 우리는 다른 관점에서 세상을 관찰하는 데 아주 뛰어나대요. 심지어 책을 읽거나 영화를 보는 등, 타인이 어떤 감정을 느끼고 어떤 시각으로 세상을 바라보는지 알 수 있게 해주는 매체를 통해 관찰 능력을 더 높일 수도 있고요. 우리는 우리 자신과 매우 다른 사람들일지라도 그들과 **공감**할 수 있어요. 책 속의 인물이든, 새로 이사 온 이웃이든 모두 해당하는 이야기예요.

공감 능력이 중요한 이유는, 우리는 공감 능력을 통해 사람들을 이해할 수 있기 때문이에요. 그들이 어떤 기분인지, 필요로 하는 건 뭔지 말이죠. 거기에서 한 발자국만 더 나아가면 그들을 돕고 싶어져요. 또 한 발자국 더 나아가면 실제로 돕게 되고요! 이 순간 공감은 선행이 된답니다.

좋은 소식 속보!

인도의 마투라라는 마을의 친절한 주민들이 기온이 영하로 떨어지는 밤에 보호 구역의 코끼리들이 따뜻하게 지낼 수 있도록 엄청나게 큰 색색의 스웨터를 떴다고 해요. 이제 코끼리들이 따뜻할 뿐만 아니라 맵시 있게 지낼 수 있겠죠?

 **인간에 대한 신기하고 기쁜 사실: 우리는 친절해요**

뉴스는 대체로 우리 인간들이 저지르는 최악의 일을 조명해요. 그러니 외계인 친구들이 우리를 괴물이라고 생각해도 이상할 게 없죠. 하지만 우리는 **괴물**이 아니에요(최소한 언제나 괴물처럼 구는 건 아니에요.). 우리는 사실 상당히 친절한 존재들이랍니다.

웃지 마세요! 진짜이니까!

친절한 행동에는 여러 가지가 있어요.
- 나누기
- 모르는 사람에게 웃어 주기
- 무거운 물건을 함께 들어 주기
- 좌석을 양보하기
- 쓰레기 줍기
- 장난감이나 헌 옷 기부하기
- 외로운 사람에게 편지나 카드 쓰기
- 누군가를 칭찬하기

도전 과제 여러분은 아마 의식적으로 생각하지 않고도 이런 일을 자주 하고 있을 거예요. 일주일 내내, 하루 한 번씩 친절한 행동을 해 보는 건 어떨까요? 그리고 그렇게 하는 게 사람들을 얼마나 행복하게 하는지 지켜보세요. 그들이 진짜로 필요로 하는 게 무엇인지 생각해 보는 것도 잊지 말고요.

"오늘 우리는 자문해야 합니다. 내가 사는 환경을 개선하기 위해 나는 무엇을 했는가?"

넬슨 만델라 | 남아프리카 공화국의 전 대통령이자 운동가

비극과 위기는 또한 우리의 선한 면을 끌어내고는 해요. 연구 결과에 따르면, 지진이나 수해 같은 재난이나 테러가 발생했을 때, 행인들이 타인을 구하거나 보호하기 위해 발 벗고 나서는 경우가 많다고 해요. 이후에는 사람들이 힘을 합쳐 서로를 응원하기도 하고요. 비상식량을 나누거나, 피해 현장을 청소하거나, 필요한 사람에게 쉴 곳을 제공하기도 해요.

여러분 역시 코로나바이러스 감염증-19(이하, 코로나-19)의 세계적인 유행의 시작을 기억할 거예요. 사태가 비현실적이고, 무섭고, 불확실했음에도 불구하고, 사람들은 힘을 합쳤어요. 어린이들은 창문에 무지개와 하트와 희망 가득한 메시지를 썼죠. 중국의 우한 지역에서 사람들은 아파트 건물에서 '지아유(加油)!'를 외쳤다고 해요(이는 '기름을 더하다'라는 뜻인데, 실제로는 '할 수 있다!'라는 의미로 쓰여요). 이탈리아에서는 발코니에서 함께 악기를 연주하고 노래를 불렀죠. 사방에서 사람들은 몸이 아프거나 나이가 많은 이웃이 잘 지내는지, 식료품 조달에 도움이 필요한지 확인했어요. 기업들 역시 돈을 기부하고, 공장 생산 설비를 필수품을 만드는 데 돌리며 일조했어요. 예를 들어, '갭' 같은 의류 회사나 '애스턴 마틴' 같은 자

동차 회사의 공장에서 마스크나 의료 종사자들을 위한 얼굴 가리개와 가운을 생산했죠. 이 위기에서 '우리는 함께'라는 분위기가 있었어요.

좋은 소식 속보!

잉글랜드의 100세 참전 용사 톰 무어 대위는 NHS(영국의 국민 의료 제도)를 위해 3,200만 파운드(약 500억 원) 이상을 모았어요. 어떻게? 자신의 100번째 생일에 보행 보조기의 도움을 받아 정원을 100번 오가는 것으로요! 톰 무어는 여왕에게 기사 작위를 받아 이제 대위 톰 무어 경이라 불린답니다.

미국에서는, 열 살 난 마테오 솔리스가 생일날 받은 용돈으로 모금 행사 전단을 인쇄해서 뿌렸대요. 덕택에 코로나-19로 입원한 3세 여자아이를 위해 1,000달러(약 100만 원) 이상을 모을 수 있었어요.

뉴스에서 화장지를 사재기하기 위해 싸우는 비교적 적은 숫자의 사람들을 조명하면, 저 밖에 참 많은 선의가 있다는 것을 잊기 쉬워요. 하지만 선의는 분명 존재해요. 멀리 가서 찾을 필요도 없는걸요.

 **인간에 대한 신기하고 기쁜 사실: 우리는 창의적이에요**

공감 능력과 친절함이 우리가 종으로서 살아남은 이유라고 했죠? 창의력은 또 하나의 이유예요. 우리 인간은 상상력을 발휘해 새로운 아이디어를 떠올리고, 문제를 해결하고, 발명품을 만드는 데 매우 뛰어나답니다.

고양이는 몸을 따뜻하게 해 주는 모닥불을 피우거나, 집을 짓거나, 음악을 연주하거나, 춤을 출 수 없어요. 하지만 우리는 할 수 있죠! 오랜 시간에 걸친 인류의 발전 덕택에, 우리는 참으로 놀라운 일을 여러 가지 이루어 냈어요. 땅과 바다를 가로지르거나, 심지어는 달까지 가게 해 주는 나무와 금속 상자를 만들기도 했죠.

수십만 년 전까지로 거슬러 올라가면, 오래전의 인류는 우리처럼 언어를 구사하지 못했어요. 어떤 과학자들은 5만~7만 년 전쯤에 인간의 언어가 상당히 정교해졌다고 믿어요. 갑작스럽게, 과거의 인류는 매우 흥미로운 이야기를 주고받을 수 있게 되었어요. 단지 눈으로 본 것이나 회피한 위험뿐만 아니라, 아직 일어나지 않은 일에 관해서도 이야기할 수 있었죠. 즉 아이디어를 나눌 수 있었던 거예요.

"야아아아옹?"

세상에 창의적인 생물이 인간뿐인 건 아니에요. 오랑우탄을 보세요. 나뭇잎으로 직접 만든 우비 모자와 등을 긁는 도구가 있죠. 오스트레일리아의 바우어새는 솔방울, 이끼, 과일, 꽃잎 따위로 3D 예술 작품을 만들기도 해요. 하지만 인류학자들은 함께 아이디어를 모아서 시간이 지남에 따라 발전시킬 수 있는 존재는 인간이 유일하다고 생각해요.

즉 한 사람이 무언가를 만들면, 다른 사람이 뭔가를 더하거나 바꾸어서 더 낫게 만든다는 뜻이죠.

아니면 아이디어를 빌려 와서 완전히 다른 용도로 활용한다거나요.

장난감 '슬링키'가 원래는 배 위의 장비를 고정하기 위해 고안되었다는 사실을 알고 있나요? 점토 장난감 '플레이도'는 원래 벽지에 묻은 그을음을 닦아 내기 위해 개발된 물건이래요. 심지어는 자동차 같은 것도 시간이 흐름에 따라 변화해요. 처음에는 누군가가 승용차 디자인을 고안해 냈죠. 그 디자인은 더 훌륭하고 빠른 데다, 심지어 이제는 전기 차같이 훨씬 더 친환경적인 자동차로 진화했어요. 이 모든 것이 새로운 것을 창조한 것이 아니라 기존에 있던 것을 발전시켜 나간 거예요!

우리는 또한 제한적인 자원을 가지고 문제를 해결하는 능력도 매우 뛰어나요. 인도의 '**주가드**(jugaad)', 브라질의 '**감비아라**(gambiarra)', 케냐의 '**주아 칼리**(jua kali)'는 각각 힌디어, 포르투갈어, 스와힐리어로 '비법'을 의미해요. 기발한 발상 말이에요……

- 자전거를 사용하는 전기 발전기
- 점토로 만든 냉장고
- 수도꼭지를 샤워기로 탈바꿈시키는, 구멍이 난 양동이나 병
  (여러분도 한번 써 보고 싶지 않나요?)

솔직히 말하자면, 이런 비법들은 오래 지속하기 어렵고, 어떤 사람들은 원칙을 비껴가는 것을 걱정해요. 하지만 감탄을 자아내는 아이디어라는 것, 인간의 창의성을 보여 주는 놀라운 사례인 것은 여전해요.

좋아요. 다 좋다 이거예요. 그런데 우리가 왜 이런 것에 신경을 써야 하는 걸까요? 많은 이유가 있어요. 여러분도 잘 알다시피 이 행성에서 살아가는 우리에게는 상당히 많은 도전 과제가 있어요. 그리고 창의력은 도전을 **매우** 좋아한답니다. 도전할 때 창의력은 비로소 빛나요.

일이 어려워질 때 ✓

돈이나 시간 같은 자원이 부족할 때 ✓✓

희망이 없는 것처럼 느껴질 때 ✓✓✓

우리는 돌파구가 필요해요.

창의력 입장! 창의력을 한 줌 뿌리면 우리는 발명품, 문제에 대한 해답, 여러 가지 일을 해내는 새로운 방식을 얻게 돼요. 좋은 예로 케냐의 아홉 살 소년 스티븐 와무코타가 개발한 손 씻는 기계가 있어요. 페달을 발로 밟으면 물이 쏟아지고 물비누가 나와서, 세균이 묻은 물통이나 비누통을 만질 필요가 없어요.

또한 창의력을 발휘하면 바람과 태양의 힘을 활용하고, 백신을 개발하고, 이전에는 처리하기 어려웠던 물질을 재활용할 수 있어요.

창의적 발상은 우리가 가지고 있는 것으로 최선의 결과를 낼 수 있게 해 줘요(우리가 언제나 많은 걸 가지고 있는 건 아니니까요.). 어려운 일에도 맞닥뜨리겠지만, 헤쳐 나갈 방법을 찾을 수 있을 거예요. 우리 인간은 그런 존재이니까요.

도전! 여러분이라면 더 나은 세상을 위해 어떤 방식으로 창의력을 활용하고 싶은가요? 사람들을 돕기 위해 무엇을 발명하고 싶은가요? 상상해 보세요. 어쩌면 미래에 실제로 그런 일을 하게 될지도 모르잖아요. 세상이 직면한 가장 큰 문제들에 대한 창의적인 해결책을 생각해 내는 것에 일생을 쏟아붓게 될지도요. 멋있는 일 아닌가요?

 인간에 대한 신기하고 기쁜 사실: 우리는 과거의 실수에서 교훈을 얻을 수 있어요

인간이 언제나 옳은 방식으로 행동하는 건 아니에요. 하지만 우리는 실수에서 교훈을 얻을 수 있어요. 뜨거운 물건에 손을 대면 (앗, 뜨거워!) 다시는 그러지 말아야 한다는 걸 알게 되겠죠? 많은 사람이 일회용 플라스틱과 샤워할 때 쓰는 물의 양을 줄일 수 있었던 건, 배우고 변화하는 능력 덕택이에요. 커다란 변화를 위해 인류가 싸워 온 것도 이러한 능력 덕택이에요. 예를 들어 인류는 누구든, 어디에서 왔든 관계없이 모든 사람이 자유로울 권리, 투표할 권리, 평등하게 대우받을 권리를 누리도록 하기 위해 싸워 왔고 커다란 변화를 이루었어요. 수천 년간 인간들이 당연시했던 엄청나게 이상한 일들(예를 들어 노예 제도라든가요!)이 오늘날에는 충격적으로 끔찍한 일로 널리 규탄받고 있어요.

우리는 성장하고, 변화해요. 인간이라는 건 그런 거예요. 얼마나 다행인 일인가요? 우리가 과거의 실수에서 아무것도 배우지 못했더라면 어땠을지 상상해 보세요!

> 음, 그냥 상상하지 않는 게 좋겠어요. 너무 끔찍하고 무서운 일이에요.

#5 인간에 대한 신기하고 기쁜 사실: 우리는 희망을 품고 있어요

희망은 우리의 가장 큰 장점 중 하나예요. 자, 어쩌면 여러분은 다음 말이 같은 말을 반복한다고 생각할지도 모르겠어요. 우리가 인간에 대한 희망을 품어야 하는 이유는, 우리가 희망을 품고 있기 때문이에요.

> 잠시만요.
> 끝까지 좀 들어 보세요.

제가 하려는 말은, 깜깜한 어둠 속에서도 우리는 희미한 빛을 볼 수 있다는 거예요. 우리는 세상이 나아질 수 있다고 믿어요. 우리는 꿈을 꿔요. 삶이 힘들 때 긍정적인 면이나 미래에 우리를 기다리고 있는 더 나은 나날을 보게 해 주는 것이 바로 희망이랍니다. 뉴스에서 우리가 **꼼짝없이 망할 것**이라고 말할 때, '괜찮을 거야.'라고 속삭이는 작은 목소리가 희망이에요.

어떤 사람들이 다른 사람들보다 희망을 더 많이 품고 있는 건 사실이에요. 그리고 우리 모두 희미한 빛을 포착하기 힘든 때도 분명 있어요. 하지만 중요한 것은, 희망이 완전히 사라졌다고 생각하는 사람들을 돕기 위한 정신 건강 지원 단체들이 많다는 거예요. 예를 들어 영국에는 마인드(Mind)가, 우간다와 잠비아에는 스트롱마인즈(StrongMinds)가 있죠. 어떤 때는 심지어 우리 스스로가 타인에게 희망을 줄 수도 있어요. 곁에 있어 주거나, 고민을 들어 주거나, 우울할 때 기분을 풀어 주는 방식으로요.

희망은 세상을 변화시킬 놀랍도록 친절하고 창의적인 아이디어를 떠올리는 데 필요한 첫 단계예요. 희망이 없다면, 문제를 해결하려고 노력할 이유조차 없어요. 그냥 소파에 털썩 주저앉아서 아무것도 안 하는 게 차라리 나을 거예요.

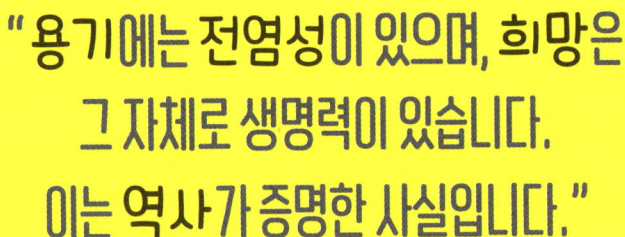

"용기에는 전염성이 있으며, 희망은 그 자체로 생명력이 있습니다. 이는 역사가 증명한 사실입니다."

미셸 오바마 | 변호사, 사회 운동가, 전 미국 영부인

우리가 이루어야 할 목표

좋아요. 우리는 사람들이 대체로 선하다는 것을 알고 있어요. 그렇지만 스스로가 매일매일 다음과 같은 면을 지니기 위해 노력해야 해요.

- 공감
- 친절함
- 창의성
- 깊은 이해심

위에서 말한 네 가지는 놀라운 일(소소하고 일상적인 변화부터 어마어마한 것들까지)이 일어나도록 해주는 요소랍니다.

세상은 때때로 무서운 곳이고, 인간은 가끔은 나쁜 짓을 해요. 하지만 충분히 많은 사람이 남들의 어려움에 공감하고, 친절하고, 창의적이라면……. 만약 우리 중 충분한 숫자가 과거의 실수에서 교훈을 얻고, 충분한 숫자가 희망을 품으면……. 그럴 수 있다면 어떻게 될까요?

우리는 분명 괜찮을 거예요!

목표를 이루기 위해 여러분이 할 수 있는 일

좋은 소식을 접하세요: 여러분은 사람들이 전부 끔찍하고, 희망이 없다고 느끼고 있나요? 좋은 소식은 사방에서 들려오고 있어요. 그냥 그걸 어디에서 찾아볼 수 있는지만 알면 돼요. 어른과 함께 좋은 소식을 찾아보세요. 착한 사람들과 착한 단체들에 관한 이야기를 알아보세요. 세상 곳곳에서 일어나고 있는 놀랍고 멋진 실화(어려운 시기를 극복하고 자신의 꿈을 좇는 사람들에 관한 이야기)를 다룬 책을 많이 읽으세요. 좋은 이야기를 읽으면 읽을수록, 인간이 얼마나 놀라울 수 있는 존재인지 깨달을 거예요. 그리고 책을 많이 읽으면 (실화를 다루고 있든, 지어낸 이야기든), 여러분의 공감 능력을 3배로 늘릴 수 있을 거예요.

계속 이야기하세요: 여러분도 조금이나마 사람들에게서 좋은 모습을 끌어낼 수 있어요. 사람들이 착한 일이나 좋은 일을 할 때 지지하고 응원하는 거예요. 흥미진진하고 **나쁜** 이야기를 좋아하는 이 세상에서, 여러분은 **좋은** 이야기를 더 많이 하는 거죠. 좋은 소식을 사방에 퍼뜨리는 거예요.

목소리를 내세요: 누군가가 잘못된 행동을 하면, (부드럽지만 단호하게) 지적하세요. 어쩌면 그 사람의 그릇된 행동을 멈추는 데 도움이 될지도 모르니까요.

변화를 불러일으키세요: 친절하고 창의적으로 살아가세요. 세상에 좋은 영향을 끼치는 아주 작은 선행을 하고, 주변 사람들에게 용기를 불어넣으세요. 얼마나 작은 선행이든 상관없어요. 미소 하나, 칭찬 한마디, 누군가의 말을 들어 주는 것(사람들은 '들어 주기'의 위력을 과소평가해요.)……. 한 번의 상냥한 행동이 큰 변화를 불러올지도 몰라요. 마치 조약돌을 호수에 던지면 파문이 퍼져 나가는 것처럼요. 또한, 지금 당장은 그렇게 느껴지지 않더라도 저 밖에는 좋은 사람들이 많다는 것을 나 자신에게 계속 상기시킬 수도 있을 거예요. 사람은 실수에서 교훈을 얻을 수 있고, 우리는 변화할 수 있으며, 실제로 변화하고 있다는 사실을요.

제 2장

좋은 정치
선구자들, 드림 팀,
그리고 더 나은 미래

늦게까지 깨어 있고 싶은데, 어른들이 그러면 안 된다고 할 때가 있죠? 아니면 두 친구가 오늘 점심 메뉴같이 정말정말 중요한 이야기를 나누고 있는데 선생님이 조용히 집중하고 공부하라고 할 때라든가요. 어른들과 선생님이 그렇게 할 수 있는 이유는, 그들이 **권력**을 가지고 있기 때문이에요. 정치란 권력이에요. 누가 권력을 가지고 있는가, 어떻게 권력을 쓸 것인가 말이죠. 누가 중요한 결정을 하나요? 누가 주도권을 쥐고 있나요? 여러분이 사는 집에서는 그 사람이 어른 한 명이나 여러 명일 거예요(집에 아기가 있다면, 가끔은 그 아기가 왕처럼 느껴질 때도 있지만요.). 여러분의 반에서는 담임 선생님이 주도권을 가지고 있을 테고, 학교 전체에서는 교장 선생님이겠죠. 어쩌면 학교에 이사진이나 학생회가 있어서, 그 사람들도 어느 정도 결정권을 가지고 있을지도 몰라요. 하지만 어른들이 말하는 '정치'는 그런 게 아니에요. 어른들은 대체로 **큰 규모**의 정치에 대해서 이야기해요.

멀리서 보면 한 나라 전체에서 권력을 가지고 있는 게 누구인지 알 수 있어요. 그 사람을 뭐라고 부르는지는 여러분이 사는 나라에 따라 달라져요. 예를 들어, 그 사람은 총리, 대통령, 아니면 수상이라고 불릴 수 있어요. 어느 쪽이든, 이 사람이 바로 그 나라의 지도자랍니다.

가까이에서 보면 지역 단위로 권력을 가진 사람이 누군지도 알 수 있어요. 이 사람들이 여러분의 지역구 정치인들이랍니다. 이들이 양복과 괴상한 머리 모양을 한 채로 텔레비전에 나와서 지루한 이야기를 늘어놓는 모습을 본 적이 있을 거예요(개중 몇몇은 멋진 머리 모양을 자랑하기도 하지만요.)

더더욱 가까이에서 보면 이제 우리, 즉 국민이 보일 거예요. 개인은 작고 미미해 보일지 몰라도, 많은 정치 시스템에서 우리는 많은 권력을 가지게 되어 있어요. 이 부분은 나중에 다시 다루도록 할게요.

정치가 일반적으로 굴러가는 방식은 이래요. 일단 일종의 팀 역할을 하는 정당들이 존재하는데, 각각의 정당에는 우두머리가 있고 그 우두머리를 보조하는 정치인들이 있어요(우두머리의 권력이 가장 강하고 보조하는 정치인들의 권력은 그보다는 약해요.). 모든 정당은 국가의 부흥을 위해 협력해야 하지만, 서로 경쟁하는 경우가 많아요. 특히 모두가 일등의 자리를 놓고 싸우는 '선거' 기간에는 더더욱 그래요.

> "우리에게 투표하세요! 우린 정말 멋지거든요."

> "우리에게 투표하세요! 우린 훨씬 더 멋지다고요."

선거에는 이기는 정당이 결국 정부를 이끌게 돼요. 이제 이들이 더 큰 권력을 가지게 되고, 그 정당이 원하는 일들을 실행하게 되는 거예요. 단순히 말하자면 이 사람들이 매우 중요한 결정을 맡아서 내리게 돼요.

정치에 대한 불평불만

어른들이 정치에 대해 불평불만을 하는 것을 들은 적이 있나요? 정치인들은 여러 이해관계를 저울질하며 최대한 많은 사람이 만족하도록 애를 써요. 몹시 어려운 일이에요. 사람들은 무엇이 중요하고 무엇을 어떻게 해야 하는지에 대해 서로 매우 다른 생각을 하고 있으니까요.

- '나는 이 나라에서 태어났어! 그러니까 특별 대우를 받아야 해!'
- '우리는 다른 나라 사람들을 받아들일 필요가 있어. 우리나라엔 교사, 간호사, 의사가 부족해.'
- '학교에 더 많은 예산을 써야 해!'
- '내가 운영하는 소규모 기업은 어떻게 해?'
- '**지구**는 어떻게 하고?!'

어른들은 때때로 정치인들이 얼마나 끔찍한지에 대해 불평해요. 사실 어른들의 말이 완전히 틀린 건 아니에요. 자신이 가진 권력을 이기적으로 사용하고, 사람들을 나쁘게 대하는 정치인이 많은 건 사실이니까요. 권력에 도취되면, 사람들이 나쁜 일을 하게 될 때가 있어요. 주어진 권력을 국민을 위해 쓰는 대신 자기 자신이나 친구들에게 이득을 주기 위해 쓸 수 있죠. 이런 것을 우리는 다음과 같이 말해요.

부패

이런 일이 일어나지 않는다고는 말하지 않을게요. 무서운 일 위로 금가루를 뿌려서 예쁘게 만드는 게 이 책의 목적은 아니니까요. 그 대신, 실제로 일어나고 있는 좋은 일과, 그런 일을 현실로 만들고 있는 사람들을 조명할 거예요. 이 장에서 여러분은 정치의 지평을 흔들고 있는 놀라운 **선구자**들을, 세상을 더 좋은 곳으로 바꾼 놀라운 **운동가**들을 만나게 될 거예요. 그리고 어쩌면 세상을 구원할지도 모를 멋진 기관들 역시 방문하게 될 거예요. 자, 그러면 좋은 부분에 대해 먼저 이야기해 볼까요?

> 누가 권력을 가졌는지 언급하는 것으로 이 장을 시작했었죠?
> '민주주의'에서는 그 사람이 바로 여러분이에요. 우리, **국민** 말이에요.

그리고 어쩌면 여러분이 몰랐을 사실들이 있어요. 뭐냐고요?

오늘날, 인류 역사상 가장 많은 사람이 민주주의 국가에서 살고 있어요

민주주의가 정확히 무엇인지 궁금하죠? 영어로 '민주주의'를 의미하는 단어 '데모크라시(democracy)'는 본래 고대 그리스어 단어인 '데모크라티아(dēmokratiā)'에서 왔어요. '시민에 의한 통치'를 의미해요. 고대 그리스에는 '직접 민주주의'라는 제도가 있었는데요, 시민들은 모든 사안에 대해 직접 투표했대요. 즉 실제로 직접 통치를 한 거죠(비록 당시에는 '시민'에 여성이나 노예, 외국인은 포함하지 않았지만요. 즉 '모든 시민'을 대상으로 한 제도는 아니었어요).

오늘날 민주주의 국가에서는 고대 그리스와 같은 방식으로 통치가 이루어지지 않아요. 대신 우리가 투표할 수 있는 나이가 되면, 우리를 대신해서 통치할 대표자를 선출해요. 여러분도 몇 년마다 한 번씩 여러분 주변의 어른들이 자신의 표를 행사하기 위해 투표소로 향하는 것을 본 적이 있을 거예요(어쩌면 그 투표가 학교에서 이루어져서, 그날 학교를 쉬었을지도 몰라요!). 이 어른들은 이름 몇 개(각각의 정당을 대표하는 정치인들의 이름이죠.)가 쓰인 종이를 받았을 테고, 원하는 사람의 이름을 골라서 표시를 했을 거예요. 모든 표를 세고 나면 승리자가 발표돼요.

현대의 민주주의는 바로 이렇게 돌아간답니다!

세상 사람 대부분은 이게 좋은 시스템이라고 생각해요. 왜냐하면 민주주의 제도는 (우리가 의도한 대로 기능한다면) 결국은 더 공평해질 테니까요. 물론, 세상의 모든 민주주의 제도가 완벽한 건 아니에요. 많은 국가는 큰 문제점을 안고 있고, 또 많은 국가는 혼합 체제를 유지하고 있어요. 혼합 체제란 독재(한 사람이나 소수의 집단이 모든 권력을 가지고 있는 것)에 약간의 민주주의를 뿌린 시스템이라고 생각하면 돼요. 하지만 역사적으로 가장 많은 사람이 민주주의 국가에 살고 있다는 것은, 세상 사람들이 자신의 나라가 어떻게 굴러갈지에 대해 어느 정도의 발언권이 있다는 뜻이에요. 시작점으로는 나쁘지 않죠!

인류는 투표할 권리를 위해 싸워 왔고, 그 권리를 쟁취해 왔어요

여러분은 투표가 누구나 나이만 먹으면 할 수 있는 행위라고 생각할지 모르겠지만, 사실은 언제나 그랬던 건 아니에요. 세계 많은 국가에서, 여성이나 흑인, 원주민 같은 집단은 비교적 최근에 투표할 권리를 가지게 되었어요.

원주민이란 현대적인 국가와 국경이 존재하기 이전부터 그 땅에서 살아온 사람들을 의미해요.

오늘날 오스트레일리아가 된 땅에서 6만 년 이상을 살아온 오스트레일리아 원주민이나 토러스 해협 제도 원주민처럼요. 반면에, 유럽인 개척자들은 1788년에 이르러서야 그 땅에 도착했죠.

아니면 오늘날 캐나다인 땅에서 12,000년 이상 살아온 캐나다 원주민, 이누이트, 메티스 원주민도 있죠. 유럽인 개척자들은 이 땅에 16세기에야 도착했고요.

이 사람들은 그 땅에 원래 살던 사람들이에요. 그러니 이들이 투표할 권리, 자신들이 가꾸고 조화를 이루며 살아온 땅에 관해 결정할 권리를 이리도 오랜 세월 동안 얻지 못했다는 것은…… 글쎄요. 믿기 힘든 일 아닌가요?

놀랍게도, 아직도 여성이 투표하는 것이 몹시 힘든 국가들이 있어요. 어떤 여성들은 심지어 투표소에서 위협을 당하기도 하고요.

> 알아요. 어이가 없는 일이죠.

하나같이 말이 안 되는 이야기예요.

하지만 우리는 보통 선거권을 위한 다양한 캠페인 덕택에 **많은** 발전을 이루어 왔어요. '보통 선거권'이란, 재산·신분·성별·교육 정도 등에 따른 제한을 받지 않고 누구에게나 투표할 권리가 있어야 한다는 말이에요. 뉴질랜드가 1893년에 최초로 보통 선거를 시행했어요. 다른 나라들은……. 글쎄요. 오래 걸리긴 했지만, 어쨌든 목표를 달성하긴 했답니다. 뭐, 대부분의 나라들은요.

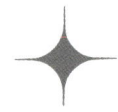

모든 시민이 투표할 수 있도록 한 국가의 숫자:

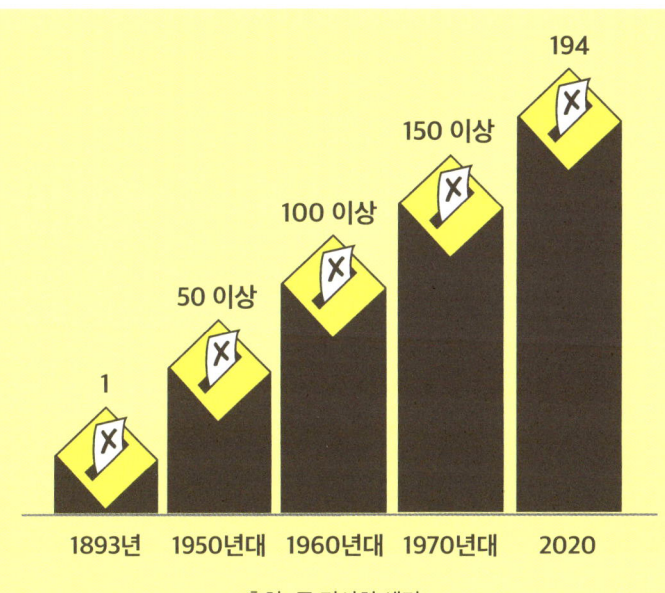

출처: 퓨 리서치 센터

보다시피, 불과 120년 정도 되는 기간에 **엄청난**(그리고 엄청나게 행복한!) 변화가 있었어요. **큰** 변화와 발전을 이루는 데는 오랜 시간이 필요하지 않답니다.

역사상 가장 다양한 사람들이 정치에 참여하고 있어요

구글 검색창에 '역사상 가장 위대한 정치인'을 검색해 보세요. 백인 남자들의 얼굴이 잔뜩 뜰 거예요. 하지만 주변을 둘러보세요. 실제 세상은 그런 사람들로만 구성되어 있지 않아요. 그렇지 않나요? 정치인은 우리모두를 대표해야 해요. 우리 시민들과 우리에게 영향을 주는 사안, 우리가 관심을 가지는 사안을 잘 이해한다면 일을 더 잘 해낼 수 있을 거예요. 만약 팀에 다양한 배경을 가진 사람들이 포함되어 있다면 일이 훨씬 수월하겠죠? 그리고 모두가 정치에 참여할 수 있다는 느낌을 갖게 되는 것 자체도 좋은 일이잖아요.

도전! 여러분은 삶에서 본보기가 되어 줄 롤 모델을 떠올릴 수 있나요? 꼭 정치인일 필요는 없어요(그리고 정치인들이 좋아하는 이상한 머리 모양을 하고 있을 필요도 없죠.). 존경할 만한 사람이 있다는 건 좋은 거예요. 친근감을 느낄 수 있는 사람들이라면 더더욱 좋겠죠. 여러분이 '흠, 저 사람을 봐. 나도 저렇게 될 수 있을 것 같아. 왜냐하면 저 사람들은 사실 나와 그렇게 다르지 않으니까!'라고 생각하게 만드는 사람들요.

좋은 소식, 오늘날 정치계에는 이전보다 훨씬 더 다양한 사람들이 있다는 점이에요.

우간다에는 마을 단위에서부터 국회까지 모든 정치 기구에 장애인에게 할당된 자리가 있어요. 모두가 할당제를 긍정적으로 보는 건 아니에요. 그래도 의도는 좋으니까, 조금은 인정해 줘도 좋지 않을까요? 그리고 이 제도 덕택에, 우간다에는 다른 어느 나라보다 더 많은 장애인 정치인이 있어요.

2016년 **호주**에서는 **린다 버니**라는 위라주리 부족 여성이 원주민 여성 최초로 오스트레일리아 하원에 선출되었어요. 버니는 전문 교육을 받은 교사인 동시에 원주민 권익 활동가이기도 해요. 오스트레일리아 원주민과 토러스 해협 제도 원주민에게, 그리고 솔직히 말하면 우리 모두에게, 아주 훌륭한 롤 모델이 아닌가요?

2008년 **미국**에서는 **버락 오바마**가 미국 역사상 최초의 흑인 대통령으로 선출되었어요. 어떤 사람들은 아예 불가능하다고 생각했던 일이에요. 2020년에는 인도 태생 어머니와 자메이카 태생 아버지를 둔 상원 의원 카멀라 해리스가 최초의 유색 인종 부통령이 되었죠. 해리스는 아주 똑똑하고, 달변가에다, 강한 리더이기도 해요. 해리스는 캘리포니아의 주 검찰 총장으로 일하기도 했어요. 주 검찰 총장이란 미국의 한 주의 최고 법률가 겸 법 집행관을 의미해요.

그게 끝이 아니에요. 미국의 떠오르는 신예, 라틴계 정치인 **알렉산드리아 오카시오-코르테스**를 보세요('AOC'라고 불리기도 해요). AOC는 용감하고, 이의를 제기하는 데 주저함이 없어요. 기후 위기와 평등에 대해 목소리를 높이고 있죠. AOC는 푸에르토리코 혈통이고, 노동 계급 가정에서 태어났으며, 정치인이 되기 전에는 음식점 종업원으로 일했어요. 오늘날 AOC는 미국 의회에 당선된 최연소 여성이에요. 그녀는 스스로 어려운 시기를 겪었기 때문에, 사람들이 어떤 어려움을 겪는지 알아요. 그래서 변화를 불러오고 싶어 하는 거고요.

"희망은 가지는 것이 아닙니다.
희망은 행동을 통해 만드는 것입니다."

알렉산드리아 오카시오-코르테스 | 미국 하원 의원

정치계의 높은 자리를 차지하고 있는 인상적인 여성들이 참 많아요. 2017년부터 **뉴질랜드**의 총리직을 맡은 **저신다 아던**을 보세요. 아던은 유행병과 화산 폭발과 테러 사건 속에서도 결단력 있는 지도력을 보여 줬어요.

우리는 많은 발전을 이루어 냈어요. 물론 아직 이루어 내야 하는 일이 있어요. 예를 들어, 대부분 국가의 정치계에서 장애인은 엄청나게 찾아보기 힘들어요. 하지만 이에 관한 논의가 분명 오가고 있고, 변화는 일어날 거예요. 어쩌면 여러분들도 이런 정치인을 지지하고 있는지도 모르죠. 어쩌면 여러분 본인이 언젠가 정치계에 입성해서 본격적인 변화를 불러올지도 모르고요. 정치인이 된다는 것은, 사람들의 이익을 대변하는 것을 의미해요. 그리고 옳은 마음가짐으로 정치에 참여하면, 정말로 의미 있는 변화를 불러올 수 있어요.

수상한 정치인을 감시하는 언론: 알아요. 앞에서 분명히 뉴스가 얼마나 위험할 수 있는지에 대해 말했죠? 하지만 언론은 또한 매우 유용하고, 중요해요. 언론인들은 권력자들이 하는 일을 조명함으로써 그들을 감시해요. 좋은 언론인은 여러 가지 사안을 조사하고, 사실 관계를 확인하고, 기사를 씀으로써 우리가 **세상 곳곳**에서 일어나는 일을 알 수 있도록 해 줘요. 못된 지도자들은 이제 나쁜 짓을 몰래 할 수가 없어요. 오늘날 그런 비밀은 언젠가 흘러나오기 마련이거든요.

많은 사람이 정치에 관심을 가지고 있어요

사람들의 정치 참여도가 낮다는 이야기를 들어 본 적이 있나요? 투표할 필요를 느끼지 못하기 때문에 투표하지 않는다는 이야기는요? 이제 아무도 정치 같은 것에 관심이 없다는 이야기는요?

사실은요. 사람들은 분명 정치에 관심을 가지고 있어요.

2020년 미국 대통령 선거를 보세요. 1억 5,000만 명에 달하는 사람들이 투표했어요. 대통령 조 바이든은 7,400만 표라는, 미국 역사상 가장 많은 표를 얻었죠. 실은 투표 등록을 장려하는 큰 캠페인이 있었는데, 몇몇 지역 영웅들이 이를 가능케 했어요. 흑인 변호사이자 정치가, 저술가, 투표권 운동가인 스테이시 에이브럼스는 조지아주의 유권자 80만 명의 투표 등록을 도왔어요. 즉 수십만 명의 사람들이 누가 자신의 나라를 이끌어 나갈지 결정할 수 있었다는 뜻이에요. 놀랍지 않나요?

정치 참여는 단순히 투표하는 것 이상을 의미해요. 정치 참여는 **사회 운동** 역시 포함하고 있어요. '사회 운동'이란 세상을 바꾸기 위해 행동하는 것을 의미해요. 서로 배경이 크게 다른 사람들이, 단순히 권력이 아니라 정의를 원해서 모이는 거예요. 만약 정치인들을 신뢰할 수 없게 되었다거나 그들이 더 제대로 일해야 한다고 느낀다면, 다음의 '활동가를 위한 미니 핸드북'을 참고해서 다른 방법으로 변화를 불러올 수 있을 거예요.

활동가를 위한 미니 핸드북

밖으로 나가세요: 역사적으로, 그리고 세계적으로, 수많은 거리 행진과 시위가 벌어졌어요. 1930년, 당시 영국 식민지였던 인도에서 마하트마 간디는 수천 명의 인도인과 함께 240마일(약 386킬로미터)에 달하는 소금의 행진을 했어요. 인도인은 소금을 모으거나 판매할 수 없다는 영국법에 항의하기 위해서였죠(네, 소금 말이에요. 사실 소금은 엄청나게 중요하답니다. 일주일만 소금 없이 살아 보면 알 거예요!). 1969년에는 50만 명에 달하는 미국인이 베트남 전쟁에 반대하기 위해 워싱턴에서 행진했어요. 비교적 최근에는 결혼 평등이나 '블랙 라이브스 매터(Black Lives Matter: 흑인의 생명도 소중하다)'(이 운동에 대해서는 제5장에서 더 자세히 알아볼 거예요.) 같은 사안에 지지를 표하기 위해 행진이 이루어졌고요.

그 가게를 이용하지 마세요: '보이콧'이란, 기업이나 심지어는 국가 전체에 압력을 가하기 위해 그 기업이나 국가의 상품을 구매하는 것을 그만두는 행위를 말해요. 이는 기업이나 국가의 약점을 건드리기 위해서인데요. 그 약점이란, 바로 **지갑**이에요. 1950년대에서 1980년대에 남아프리카 공화국의 운동가들은 **아파르트헤이트**에 대항하기 위해, 세계인들에게 남아프리카 공화국의 상품을 보이콧할 것을 호소했어요. '아파르트헤이트'란 1948년에 시작되어 1990년대 초에 중단된 끔찍한 인종 차별 정책이에요. 이렇게 상품을 보이콧하는 것은 "지금 일어나고 있는 일이 마음에 들지 않으니, 당장 그만두시오."라는 크나큰 항의의 표시예요.

편지를 쓰세요: 정치인과 펜팔(편지를 주고받으며 사귀는 벗)이 되라는 소리가 아니에요. 정치인에게 편지를 보내면, 정치인이 그 편지를 읽을 뿐만 아니라 답장을 쓰기도 한다는 사실을 알게 될 거예요. 정치인의 역할은 자신이 대표하는 시민들의 말에 귀를 기울이는 거예요. 그리고 만약에

기후 위기

시민들의 의견에 동의하지 않는다면, 시간을 내서 그 이유를 설명해 줄지도 몰라요. 지역 정치인이 특정한 사안에 대한 편지를 많이 받으면, 윗선의 정치인에게 그 사안을 알려 줄 테고, 그러면 그 정치인은 또 윗선의 정치인에게……. 이렇게 계속 사안이 위로 올라갈 수 있는 거죠. 짧고 간결하고 특정한 사안을 다루는 편지나 이메일은 매우 강력한 효과를 발휘할 수 있어요.

청원에 서명하세요: '청원'이란, 사람들이 특정한 조치나 변화를 요구하기 위해 서명을 모으는 것을 뜻해요. 보통 청원은 더 큰 캠페인의 일환으로 이루어지기 때문에, 청원 이외에 다른 일도 진행되고 있을 거예요. 원래는 종이에 서명을 했는데(어떨 때는 아아~주 긴 종이에요), 오늘날에는 청원도 온라인으로 이루어져서, 순식간에 공유하고 서명할 수 있게 되었어요.

소문을 퍼뜨리세요: SNS를 이용하면 세상 곳곳의 수십만 명의 사람들에게 메시지가 전달할 수 있어요. 좋은 예로 2011년, 위민투드라이브(Women2Drive) 캠페인의 리더인 마날 알-샤리프가 한 일을 들 수 있어요. 알-샤리프는 사우디아라비아에서 여성들의 운전을 금지하던 때 자신의 운전하는 모습을 찍어서 인터넷에 올렸어요. 알-샤리프는 체포당했지만, 결국에는 법이 바뀌었답니다. 뛰뛰빵빵!

(조용히) 실천하세요: 밖으로 나가서 행진하거나 연설해야만 하는 것은 아니에요. 조용한 사회 운동 역시 효과적이랍니다. '조용한 사회 운동'이란, 매일매일 가능한 한 모든 곳에서 작은 선행을 하는 것을 말해요. 여기저기에 내가 하는 일을 떠벌리지 않고 변화를 불러오는 거죠. 다른 사람들을 감싸고 지지하거나, 소외당한 사람을 자기 모임에 끼워 주거나, 특정한 사안에 대한 인식을 높이기 위해 일대일로 부드러운 대화를 나누거나, 좋은 일을 하는 기업의 물건을 사거나, 지구를 지키기 위한 선택을 하는 것(분리배출이나 재활용, 내가 먹을 채소를 직접 기르는 등)이 있을 거예요.

가난, 평등

도전! 여러분의 관심을 끄는 사안이 있나요? 어떻게 하면 그 사안에 도움이 될 수 있을까요? 활동가를 위한 미니 핸드북에서 언급한 방법을 활용해 보세요.

이게 다 무슨 소용이죠?

가끔 여러분은 큰 사안에 관해서 이야기하는 것만으로 충분한가 싶을 거예요. 여러 이슈를 지지하는 사람들은 그냥 그게 멋있어 보여서, 뽐내기 위해서 하는 걸까요? SNS에 글을 올리거나 행진에 참여하거나 포스터에 써넣을 똑똑한 문구를 만들어 내는 게 멋있어 보여서? 이런 행동이 정말로 변화를 불러일으킬 수 있을까요?

정답은 '그렇다'예요. 장기적으로는 분명 긍정적인 변화를 불러올 수 있어요. 이야기하다 보면 논의하게 되고, 논의하다 보면 행동하게 되곤 하니까요. 많은 사람이 특정한 이슈를 인지하고, 거기에 관심을 많이 가지게 된다면, 정치인에게 편지를 쓰거나 돈과 시간을 기부하거나, (그럴 수 있는 사람이라면) 변화에 도움이 되는 방향으로 투표를 하게 되거든요. SNS는 위험할 수도 있지만(가짜 뉴스 기억나죠?), 또한 사람들을 조직화하고 하나로 모으고 어떤 일이 일어나고 있는지 세상에 알리는 데 큰 도움이 돼요.

활동가들을 만나 보세요

세상에는 나이는 어리지만 훌륭한 활동가들이 많아요. 캐나다 원주민 단체 아니시나아베-퀘(Anishinaabe-kwe) 활동가인 오텀 펠티어는 여덟 살 때부터 수자원 보호를 주장해 왔어요.

축구를 사랑하는 케냐의 환경 보호주의자 레세인 무툰케이는 열두 살에 트리스 포 골스(Trees 4 Goals)라는 단체를 만들어서, 사람들이 골대에 골을 넣을 때마다 나무를 한 그루씩 심도록 장려했어요(무툰케이의 크나큰 꿈은 국제 축구 연맹(FIFA)이 온 세계의 축구 경기에 같은 규칙을 도입하는 거예요.).

그리고 최연소 노벨 평화상 수상자이자 여자 어린이들의 교육권을 주장한 활동가 말랄라 유사프자이가 있죠.

훌륭한 활동가가 너무 많아서, 그리고 매일매일 새로운 활동가들이 나타나서, 여기에 모든 사람의 이름을 실을 수는 없어요. 이 정도면 우리가 희망을 품어도 되지 않을까요?

> "계속 앞으로 나아가세요. **뒤돌아보지 마세요.**
> **아이디어가 떠오른다면,** 그냥 저질러 버리세요.
> 아무도 여러분을 기다려 주거나
> 무엇을 해야 하는지 알려 주지 않을 거예요.
> 목소리를 내고 자기주장을 하세요."
>
> 오텀 펠티어 | 아니시나아베-퀘 수자원 활동가

좋은 소식 속보!

2016년에 여덟 살 난 마리 코프니가 버락 오바마 대통령에게 미시간주 플린트의 오염된 물에 대해 편지를 썼어요. 오바마 대통령은 코프니의 편지에 답장을 썼을 뿐만 아니라, 플린트로 날아가서 코프니를 직접 만나고 더 많은 것을 알아보고자 했죠. 이후에는 상수도 시설을 고치기 위해 1억 달러(약 1,000억 원)의 예산을 허가하기도 했어요!

팀워크는 꿈을 이루어 내는 힘을 가지고 있답니다

뉴스에서는 국가 간의 전쟁과 분쟁, 심각한 갈등에 대한 이야기를 많이 해요(안타깝게도 이런 분쟁은 실제로 일어나고 있어요. 예를 들어, 오늘도 세상 어딘가에서는 내전이 일어나고 있죠.). 하지만 충분히 멀리 물러나서 보면, 학자들은 우리가 전 세계적으로 전례 없는 평화와 국제 협력의 시대를 살아가고 있다고 말해요. 비록 여러 나라가 서로 많은 갈등(분명 큰 갈등이죠.)을 겪고 있음에도 불구하고, 이런 나라들도 대부분은 인권, 국제 보건, 우주 탐사 같은 온갖 커다랗고 중요한 프로젝트에서 협력하고 있어요.

굉장히 의미 있는 발전이에요.

> '인류 역사상 그 어느 때보다도, 우리는 오늘날 하나의 운명을 공유하고 있습니다. 그 운명에 함께 맞서야만 비로소 승리할 수 있을 것입니다.'
>
> 코피 아난 | 전 UN 사무총장(1997-2006)

국제 연합(UN)

국제 연합을 말하지 않고 국가 간 협력을 논할 수는 없을 거예요. '국제 연합'이라니, 마치 슈퍼히어로 팀 같은 이름처럼 여겨진다면, 사실 여러분은 상당히 답에 가까이 있어요. 국제 연합은 제2차 세계 대전(1939~1945년)의 종전 이후인 1945년에 설립되었어요. 국가 간에 우호적인 관계를 유지하고, 함께 인권 보호나 세계가 마주한 문제를 해결하는 등 좋은(그리고 슈퍼히어로 같은) 일을 이루어내기 위해서였죠. 사실 국제 연합은 두 번째 시도예요. 첫 번째 시도로 '국제 연맹'이라는 조직이 있었거든요. 제1차 세계 대전(1914~1918년) 이후인 1920년에 설립된 이 조직은 1940년대에 무너졌어요. 또 한 번의 세계 대전이 일어나는 것을 막지 못했기 때문이에요. 평화를 유지하는 게 목적인 조직치고는 끔찍한 실패였죠.

UN은 국제 연맹보다 더 강력하고, 더 효과적으로 설계되었어요. 국제 연맹보다 훨씬 더 많은 회원국을 보유하고 있고요. 제가 이 글을 쓰는 순간 193개 국가가 UN에 가입한 상태예요. 193개요! 사람들이 UN에 대해 뭐라고 말을 하든, 그 자체만으로도 엄청난 업적이에요. 이렇게 많은 국가가 세계 평화와 인권 보호의 필요성과 같은 **아주 좋은 생각**에 (대체로) 동의한다는 것은 놀라운 일이에요.

최근 UN이 한 일 중 하나는 '새천년 개발 목표'를 채택한 거예요. 극심한 빈곤과 기아를 근절하는 것, 세상 어디의 누구든 초등 교육을 받도록 하는 것, 그리고 환경 보호 등이 포함되어 있죠. UN 회원국들은 2015년까지 이 목표를 달성하겠다는 계획을 세웠어요. 목표가 완전히 이루어진 것은 아니지만, 어쨌든 옳은 방향으로 크게 발전한 것은 사실이에요. 우리가 이룩한 발전에 대해서는 조금 있다가 다시 다루어 볼게요.

UN의 다음 목표는 2030년에 17가지 지속 가능한 개발 목표를 이루어 내는 거예요. 그 목표에는 다음과 같은 것들이 포함되어 있어요.

- 빈곤 근절
- 기아 근절
- **모두**를 위한 건강과 안녕

그리고 한 가지의 약속이 더 있어요. '그 누구도 내버려 두고 가지 않을 것'. 몹시 원대한 꿈인 것은 사실이에요. 그렇지만, 가장 훌륭한 꿈은 원대하기 마련이잖아요? 이 목표가 여러분의 심장에 미래를 향한 따뜻하고 몽글몽글 솟아나는 꿈을 심어주지 않는다면, 무엇이 그렇게 할 수 있을지 모르겠네요!

우주 탐사

하지만 모든 협력이 지상에서만 이루어지는 건 아니에요. 세계의 정부와 국가 들은 또한 우주 탐사를 위해서도 협력하고 있어요. 우주 탐사는 돈이 많이 들고, 국제 우주 정거장(ISS)이나 게이트웨이(달의 궤도를 도는 새로운 전초 기지) 같은 거대한 프로젝트는 어느 나라든 혼자서 쉽사리 진행할 수 있는 게 아니에요.

실제로는 15개 국가를 총괄하는 다섯 개의 우주국이 ISS 건설에 참여했어요. 국가들이 제각기 다른 부품을 만들어서 우주로 날려 보낸 다음, 시속 2만 8,000km의 속도로 지구의 궤도를 도는 동안 부품을 조립해서 ISS를 완성한 거죠. 정말 놀랍지 않나요? 참여한 우주국들은 각자 나름의 기술을 제공했어요. 캐나다와 일본은 로봇 공학에 관한 지식을, 러시아는 소유스 우주선을 제공한 것처럼요. 2011년에 미국 우주 왕복선 프로그램이 막을 내린 뒤, 그리고 스페이스 엑스의 크루 드래건이나 보잉사의 스타라이너가 등장하기 전에, NASA는 ISS로 물자를 보내거나 받고 우주 비행사를 내보내는 데 러시아의 소유스 우주선에 의존했어요. 이건 엄청나게 놀라운 일이에요. 미국과 러시아는 역사적으로 굉장히 냉랭한 관계를 유지해 왔거든요.('냉전'이나 '우주 개발 경쟁' 같은 이야기, 들어본 적 있죠?)

ISS와 마찬가지로, 게이트웨이는 우주 정거장 겸 실험실이 될 테지만, 동시에 달을 탐사하려는 사람이 잠시 쉬어 가는 정거장으로도 기능할 거예요. 그리고 언젠가는 화성도요. 마치 공항, 그러니까 우주 공항같이 말이에요! 게이트웨이는 어마어마한 규모의 프로젝트이기 때문에, 여러 우주국이 함께 힘을 합쳐야만 현실이 될 수 있어요.

좋은 소식 속보!

우주에서 온 이야기를 들려줄게요. 여러분도 잠들기 전에 하늘의 별을 헤는 일이 있나요? ISS에서는 우주 비행사들이 실시간으로 동화를 읽고 과학 실험을 하는 모습을 모두가 볼 수 있도록 영상을 지구로 전송하고 있어요. 우주 비행사들이 하루에 16번 지구의 궤도를 도는 동안에요!

함께하는 것의 힘

여러분도 이제 알겠죠? 다행히도, 우리 인간은 **협력**을 상당히 잘하는 편이에요. 최소한 마음만 먹으면 협력할 능력이 있죠. 이런 능력은 정치뿐만 아니라 지구나 우리의 건강을 지키기 위한 노력과 불평등을 해소하려는 노력에서 찾아볼 수 있어요. 다음 장에서 이런 것들에 대해 알아볼게요.

우리가 이루어야 할 목표

- 개인의 사리사욕을 채우기 위해서가 아니라, 국민의 의지를 대변할 수 있는 강하고 배려심 깊은 지도자가 더 많이 필요해요.
- 사회의 모든 구성원의 의견을 반영하고 대표할 수 있는 정치인이 더 많이 필요해요.
- 국가들은 협력을 계속해야 해요. 그래야만 더 많은 일, 더 많은 변화를 이루어 낼 수 있어요.

목표를 이루기 위해 여러분이 할 수 있는 일

공부하세요: 뉴스를 활용해 세상 곳곳에서 무슨 일이 일어나고 있는지 파악하세요(앞에서 말했던, 가짜 뉴스를 피하는 방법을 잊지 말고요.).

대화하세요: 관심 있는 주제에 대해 친구, 가족과 이야기를 나누세요. 그들이 여러분의 의견에 언제나 동의하지는 않겠지만, (상냥한) 대화를 나눔으로써 절충안을 생각해 내거나, 그게 아니라도 최소한 서로를 이해할 수는 있을 거예요. 정치의 문제점은 우리가 우리 자신과 같은 생각을 지닌 사람들에 둘러싸인 채 산다는 거예요. '반향실 효과' 기억나죠? 내 의견에 반박하는 사람이 없으면, 우리는 발전하거나 성장하지 못해요. 대화는 좋은 거예요.

목소리를 내세요: 바꾸고 싶은 것이 있을 때, 목소리를 내거나 지역 정치인에게 편지를 쓰는 것으로 활동가가 될 수 있어요. 좋은 일을 하는 기업의 상품을 사고 그렇지 않은 기업의 상품은 사지 말자고 주변 사람들에게 권유할 수도 있겠죠. 그리고 투표를 할 수 있는 나이가 되면, 그 한 표를 사용해서 마음에 안 드는 정치인을 쫓아내고 좋은 사람들을 들여보낼 수 있을 거예요. 누군가는 이런 게 다 소용이 없다고 말할지도 몰라요. 아무것도 변하지 않는다고요. 그런 사람들에게는, 표 하나하나가 다 소중하다고 말해 주세요. 다음과 같은 아프리카의 한 속담처럼 말이죠.

"만약 당신이 변화를 불러일으키기에는 지나치게 작은 존재라고 느낀다면, 당신은 아마 모기와 한방에서 밤을 보내 본 적이 없을 것이다."

변화를 꾀하세요: 누가 아나요? 어쩌면 언젠가 여러분이 정치인이 될 수도 있어요(학교에서 이런저런 역할에 자원함으로써 미리 연습할 수도 있겠죠.). 여러분이 무엇을 하든, 혼자 할 필요는 없어요. 진정한 변화는 우리가 함께 행동할 때 일어나기 마련이니까요.

제 3 장

좋은 지구
슈퍼 나무, 친환경 자동차, 그리고 녹색 선행 잔뜩

크게 봤을 때 인류는 너무나 작은 존재이고, 우리는 사실 종으로서 그다지 오래되지 않았어요. 하지만 이 행성에 우리가 남긴 발자취는 **어마어마해요**. 우리의 행동(나무 베기, 석탄이나 석유, 천연가스 같은 화석 연료 태우기, 쓰레기 산 쌓기 같은 거죠.) 탓에 세상은 많은 문제에 당면해 있어요.

- 기후 변화
- 삼림 파괴
- 식물과 동물 멸종
- 공기와 수질 오염
- 물 부족

네, 정말 문제가 많죠.

이 중 많은 문제는 서로 긴밀하게 연결되어 있어요. 하지만 우리 세대에 그중 크게 눈에 띄는 사안은 바로 **기후 변화**(혹은 지구 온난화)예요. 아마 어딘가에서 이미 들어 봤겠지만, '기후 변화'란 지구가 점점 더 뜨거워지는 현상을 말해요. 이건 "어디 따뜻하고 해가 잘 드는 곳에 가서 놀자."와 같이 좋은 의미를 담고 있는 게 아니에요. 지구는 위험할 정도로 뜨거워지고 있어요.

온실 효과. 바로 이 효과가 지구를 인간이 살아갈 수 있을 만큼 따뜻하게 유지해 줘요. 온실 효과의 원리는 이래요.

수증기, 이산화 탄소, 메탄 같은 대기권의 온실가스가 태양열을 잔뜩 가둬서 우리 행성을 따뜻하고 포근하게 만들어 줘요.

만약에 이 효과가 지나치게 약하면, **화성** 같은 행성이 되어 버려요. 엄청나게 춥다는 거죠.

만약 이 효과가 지나치게 강하면, **금성** 같은 행성이 돼요. 표면 온도가 납을 녹일 정도로 뜨거워요!

이 효과가 딱 적당할 때, 우리 지구 같은 행성이 만들어지는 거예요. 음, 최소한 18세기 중후반의 산업 혁명이 시작되기 이전의 지구요. 보다시피, 약간의 온실 효과는 좋은 것이지만, 지나치면 문제가 돼요. 그리고 오늘날 우리는 지나친 쪽으로 너무 많이 기울고 있어요. 화석 연료를 태우거나, 승용차와 트럭을 몰거나, 나무를 베어 내는 등의 행위가 대기권의 이산화 탄소의 양을 늘리기 때문이에요.

인간의 활동으로 말미암아, 산업 혁명 이후로 지구의 기온은 최소 1도가 올랐다고 해요. 여러분에게는 별것 아닌 것으로 느껴질지도 모르지만, 우리가 익숙한 삶을 유지한다는 맥락에서는 엄청나게 큰일이랍니다. 기온 상승은 토양의 질에 영향을 주고, 물 부족을 일으켜요. 태풍, 홍수, 가뭄, 열파, 산불 같은 심각한 기후 조건이 더 심하게, 더 자주 일어나는 원인이 돼요. 이런 현상은 이미 세계 여기저기에서 관찰되고 있어요. 빙하가 전례 없이 빠르게 녹으면서 해수면이 높아지고 있어요. 우리가 아무런 조치도 취하지 않으면, 뉴욕, 리우데자네이루, 상하이 같은 도시의 대부분이 우리가 살아 있는 동안 물에 잠겨 버릴 수도 있다는 소리예요.

'가짜 뉴스!!!' 과연 그럴까요?!

어떤 사람들은 사실인 내용을 가짜 뉴스라고 한다는 이야기, 기억하나요? 기후 변화가 바로 그런 이슈 중 하나예요. 하지만 과학은 명백한 사실을 알려 주고 있어요. 뉴스 채널은 종종 기후 변화에 관해 이야기하는 과학자와 기후 변화의 존재를 믿지 않는 과학자를 나란히 보여 주곤 해요. 그렇게 보면 마치 과학자들의 의견이 반반으로 갈려 있는 것 같지만, 사실은 전혀 아니에요. 과학자 대부분은 기후 변화가 현실이며, 매우 좋지 않은 소식이라는 데 동의해요.

지구의 기온이 1도 상승한 것도 나쁘지만, 과학자들은 3도 상승하면 재앙일 것이라고 말해요. 그리고 이런 변화를 막기 위해 무언가 행동을 취하지 않으면 세기말에는 그 수준에 다다를 것이라고도 말하죠. 1.5도 이상 상승하면 상황이 매우 나빠지기 때문에, 우리는 그 수준을 유지하려고 노력하고 있어요. 인류는 이미 기후 변화가 인간, 식물, 야생 동물에게 끼치는 해악을 목격하고 있어요. 하지만 상황이 더 나빠진다면 6,600만 년 전 지상의 공룡이 멸종한(아마도 거대한 소행성이 지구에 충돌한 바람에) 이

> "사람들은 내게, 지구 온난화를 믿느냐고 자주 묻습니다. 근래 저는 그저 이렇게 되묻는 것으로 답합니다. 당신은 중력을 믿나요?"
>
> 닐 더그래스 타이슨 | 미국의 천체 물리학자

후 한 번도 일어난 적 없는 대멸종을 마주해야 할 수도 있어요.

헉!

그런데 이거, 희망을 주는 책 아니었냐고요? 어이쿠.

여러분이 어떤 기분일지 충분히 짐작해요. 하지만 희망을 품어야 할 이유는 있고, 우리는 그 이유를 찾아볼 거예요. 어떤 사람들은 기후 변화 같은 사안에서는 희망을 품는 게 좋지 않다고 생각해요. 왜냐하면 희망을 품으면 아무런 행동도 취하지 않고, 그저 소파에 몸을 푹 기대고 앉아 편한 마음으로 행운을 빌기만 할 수도 있으니까요. 하지만 제가 말하는 희망이란 그런 희망을 말하는 게 아니에요. 제가 말하는 희망은 이 싸움이 싸울 만한 가치가 있다고 믿게 하는 희망이에요. 아무리 피곤하고 불안해도, 희망은 여러분이 100%의 노력을 기울이게 해 줘요. 우리 지구를 지키기 위해 노력하는 사람들과 단체들을 지원하게 해주죠.

좋은 소식도 분명 있어요. 마치 작고 푸르른 새싹처럼요. 예를 들어, 다음과 같은 것이 있어요.

사람들은 이 문제를 논의하고 있어요

문제가 있는 걸 아무도 모르거나 아무도 그게 문제라고 생각하지 않으면, 세계가 당면한 문제를 해결할 수 있을 리가 없어요. 답답하게도, 세상에는 아직도 기후 변화가 가짜 뉴스라고 주장하는 사람들이 있어요. 하지만 점점 더 많은 사람이 기후 변화(혹은 조금 더 정확히 말하자면 '기후 위기')를 인식하고 있어요. 여러분이나 저처럼 평범한 사람들이 기후 변화를 큰 문제로 보고 있는 거죠. 끊임없이 관련 뉴스가 보도되고 있어요. 활동가들이 목소리를 내고, 점점 더 많은 기업과 정부가 그렇게 하고 있죠.

사람들은 또한 그와 관련하여 뭔가를 하기도 해요. 수백 명의 사람이 세상 곳곳에서 시위에 참여하며, 정부의 행동을 요구하고 있어요. 현재까지 75개 국가가 2050년 탄소 순배출 제로를 약속했어요. 이를 이루기 위해서 다음과 같은 해결책이 나왔어요.

- 탄소 배출량을 줄이고 일단 배출된 양은 다른 방식으로 온실가스를 줄임으로써(예: 나무 심기) 균형을 맞추도록 약속하기
- 풍력이나 태양열 에너지 같은 친환경 에너지로 전환하기, 전기(혹은 수소) 승용차와 트럭 사용하기, 인도와 자전거 도로 더 많이 설치하기
- 가정집을 친환경적으로 만들기
- 쓰레기를 줄이고 자연을 회복시키기

몇 가지 멋진 기후 대책

리와일딩 유럽(Rewilding Europe) 같은 단체는 야생 동물과 토종 나무를 되살려 환경의 균형을 회복시키려 하고 있어요. 테슬라나 중국의 BYD 같은 기업은 기름 잡아먹는 차를 대체하기 위한 전기

차를 생산하고 있고요(친환경 차는 다음에 더 자세히 다룰게요!). 구글을 비롯한 기업들은 2030년경 데이터 센터와 사무실을 전부 탄소 배출이 없는 에너지로 운영할 수 있도록 하기 위해 노력하고 있다고 해요. 그뿐만 아니라, 세상 곳곳에 매우 똑똑한 사람들이 '탄소 포집 기술'이라는 것을 개발하고 있어요. 대기에서 이산화 탄소를 직접 빨아들이는 기술이에요. 몇몇 과학자들은 이런 기계가 탄소 배출량을 줄이려는 노력에 크게 도움이 되리라 생각해요.

> "인간은 이 행성에 나타난 생물 중
> 가장 적응력이 뛰어납니다.
> 인간은 훌륭한 지략을 갖추고 있으며,
> 그 자신을 돌보는 데는 매우 뛰어나죠.
> 그리고 인간은 다른 생물을 돌보는 데도
> 재주가 뛰어납니다. 만약 인간이 다른 생물을
> 돌보는 것으로 시선을 돌린다면,
> 그럴 의지를 짜낼 수 있다면,
> 그러면 희망은 있습니다."
>
> **데이비드 애튼버러 경** | 박물학자, 방송인, 환경 보호 운동가

좋은 소식 속보!

데이비드 애튼버러 경과 윌리엄 왕자는 힘을 합쳐 어스샷 상(Earthshot Prize)을 만들었어요. 지구의 **가장** 큰 환경 문제에 대한 창의적인 해결책 50개에 5,000만 파운드를 지원할 계획이에요. '어스샷'이란 총 다섯 가지의 목표를 의미해요. (1) 자연을 보호하고 복구하기, (2) 공기를 깨끗하게 하기, (3) 바다를 되살리기, (4) 쓰레기 없는 세상을 만들기, 그리고 (5) 기후를 정상화하기 말이죠. 10년 동안 매년 5명의 수상자가 제각기 100만 파운드의 지원금을 받아요. 누구나 지원 자격이 있어요. 학교, 지역 공동체, 기업, 정부, ……. 누구나요.

자연을 원래 상태로 되돌리기

지구 곳곳의 사람들이 온실가스를 빠르게, 저렴하게, 안전하게 줄일 방법을 찾으려고 노력하고 있어요. 하지만 자연은 이미 답을 알고 있답니다. 나무는 이산화 탄소(인간이 호흡을 통해 내뱉는 것과 인간이 만들어 내는 것 둘 다)를 흡수해요. 열대 우림은 특히 이 역할을 뛰어나게 수행하죠. 이런 숲은 온실가스를 공짜로 가둬 버려요. 놀랍죠? 지구는 정말 감탄스러운 곳이에요.

하지만 우리가 도끼를 들고 가서 나무를 베어 내면 어떻게 될까요? 인류 문명이 시작된 뒤로, 우리는 이미 세상에 존재하는 나무의 반 정도를 베어 냈어요. 오늘날, 우리는 매년 150억 그루의 나무를 베어 내요(만약에 이 나무들을 모아 하나의 숲을 만든다면, 한반도 크기 정도가 될 거예요.). 목재를 만들거나, 주택을 짓기 위해 공간을 만들거나, 땅에서 자원을 채굴하거나, 농작물을 기르거나, 가축이 풀을 뜯게 하기 위해서죠. 이렇게 나무를 베어 냄으로써, 우리는 온실가스 보관함을 잃을 뿐만 아니라 이런 행위 자체가 더 많은 온실가스를 만들어 내요. 나무를 베어 내고 태우거나 나무

가 썩으면, 그 나무가 가둬 두고 있던 탄소가 공기 중으로 배출되기 때문이에요.

 농업 역시 큰 문제예요. 비료는 아산화 질소를, 가축의 트림과 분변(똥 말이죠!)은 메탄을 방출해요. 자원 채굴 역시 몹시 나쁜 결과를 불러일으킬 수 있어요. 즉 어떻게 봐도 삼림 파괴는 온실가스 파티라는 소리예요. 게다가 삼림 파괴가 동식물과 숲 근처에 사는 사람들에게 얼마나 끔찍한 피해를 주는지는 아직 말도 꺼내지 않았어요.

도전! 학교나 지역 공동체와 함께 어스샷 상 수상을 노릴 만한 똑똑한 아이디어를 떠올려 보세요. 우리 지구를 치유하고 세상을 바꿀 만한, 그런 아이디어를요.

실수를 바로잡기

다시 좋은 소식으로 돌아가 볼게요. 이 모든 잘못은 되돌릴 수 있어요. 두 가지 해결책이 있는데, 둘 다 실행해야 해요.

1. **나무를 베어 내는 것을 그만둬야 합니다** (지구의 숲을 삼림 파괴에서 보호하기)
2. **세상을 녹색으로 물들여야 합니다** (삼림과 야생 환경 복원하기)

큰 도시에서 기후 파업을 하는 사람들에 관한 이야기를 들어 본 적 있을 거예요. 기후 파업이란, 국가에 기후 위기 대응책을 요구하는 사람들이 항의의 의미로 등교나 출근을 거부하는 행위예요. 이 사람들은 기후 위기에 대해 목소리를 냄으로써 매우 중요한 역할을 하고 있어요. 그런데 말이죠. 세상 곳곳의 원주민 공동체는 아주 오래전부터 이런 활동을 해 왔어요. 단지 세상의 숲을 위해 목소리를 낼 뿐만 아니라, 실제로 숲을 보호하면서요. 이 사람들은 자연에 긴밀한 유대감을 느끼고, 자연과의 균형을 유지하며 살아갑니다. 자연을 존중과 공경의 대상으로 보기 때문에, 물고기를 마구 잡거나, 토양을 혹사하거나, 숲을 파괴하지 않아요. 이런 공동체는 주변 환경과 발맞춰 살아가요. 그리고 여느 환경 보존 전문가처럼, 다양한 종의 동식물을 추적하고 지속적으로 관찰하는 실력이 매우 뛰어나요.

브라질, 에콰도르, 중국, 인도, 인도네시아, 그리고 아프리카 대륙 전역에 이런 원주민 공동체가 있어요. 이들이 살아가는 자연환경은 나라마다 크게 다르지만, 어디나 생명력이 넘쳐요. 예를 들어, 지붕처럼 우거진 녹색 숲과 구불구불한 강을 자랑하는 아마존 밀림에는 4만 종의 식물, 3,000종의 물고기, 430종의 포유류와 250만 종의 곤충이 살아가고 있어요. **놀랍지 않나요?**

숲을 보호하려면, 이런 땅에 대한 원주민 공동체의 권리를 보호해야 해요. 그들만큼 자연을 잘 이해하고 보호하는 집단은 없으니까요. 원주민은 세계 인구의 5%에 불과하지만, 이들이 보호하는 구역은 세계의 **생물 다양성의 80%**를 차지하고 있어요.

슬프게도, 이 지구를 가장 덜 해치는 원주민 공동체는 기후 변화의 가장 큰 피해자가 되고는 해요. 원주민 공동체는 자신들이 살아온 땅을 보호하기 위한 싸움을 끊임없이 이어 가고 있어요. 2019년, 인도네시아의 아루 제도에 사는 사람들은 기나긴 법정 공방 끝에 자신들의 땅의 절반 이상을 무시무시한 규모의 사탕수수 농장으로 바꾸려는 계획을 중단시키는 데 성공했어요. 세상 곳곳에서 이런 투쟁이 이어지고 있답니다. 원주민과 원주민의 권익을 지지하는 사람들이 모든 것을 걸고 자연을 지키고 있는 거예요.

지구를 지키기 위해서는, 원주민 공동체의 전통을 이해하고 그들과 협력하는 게 중요해요.

"우리는 수백 년간 세계의 생물 다양성을 지켜 왔습니다. 우리는 앞으로도 계속 그렇게 할 것이고, 절대로 멈추지 않을 거예요. 우리는 쫓겨나지 않을 겁니다."

헬레나 괄링가 | 에콰도르 사라야쿠 공동체의 활동가

좋은 소식 속보!

뉴질랜드에서는 테 아와 투푸아 강과 테 우레웨라 열대 우림, 그리고 타라나키 산을 법적인 인격으로 지정하여, 우리 인간들처럼 위험에서 보호받을 권리를 보장하는 법을 통과시켰어요.

이 법에 따르면, (위에서 말한 자연 요소를 조상으로 여기는) 마오리족은 뉴질랜드 정부와 공동으로 테 아와 투푸아, 테 우레웨라, 타라나키의 법정 후견인이에요. 만약 이들이 해를 입으면, 마오리족이 법원에 탄원할 수 있는 거죠! '후견인'이란 다른 맥락에서도 아주 잘 들어맞는 표현이에요. 오늘날, 과학자들과 활동가들이 카우리 잎마름병이라는 심각한 병에서 카우리소나무를 지키기 위해 마오리족의 원로들과 협력하고 있어요. 고대 마오리족의 해결책은 무엇일까요? 바닷가로 떠밀려 온, 죽은 고래의 지방과 뼈를 간 물건이에요. 마오리족은 고래와 카우리소나무가 연결되어 있고, 고래가 나무를 돕기 위해 바닷가로 온 것이라고 믿어요.

친환경 명예의 전당

세계 곳곳에서 산림과 야생 복원 프로젝트가 진행되고 있어요. 사람들은 또한 좀 더 친환경적으로 농사를 짓기 위해 노력하고 있죠(농업은 온실가스 배출에 큰 몫을 차지하고 있기 때문이에요).

코스타리카는 삼림 파괴로 말미암아 열대 우림을 많이 잃었지만, 최근 **친환경적으로 변화**하고 있어요. 지난 30년간 지피 식물(잔디나 이끼처럼 땅 표면을 낮게 덮는 식물을 말해요.)이 두 배로 늘어났고, 오늘날 지표면의 절반이 나무로 뒤덮여 있어요. 어마어마한 탄소 저장고가 만들어진 거죠.

아프리카를 가로질러 나무로 이루어진 거대한 장벽이 세워지고 있어요. 20개국 이상의 영토를 통과하는 8,000km의 거대한 나무 장벽이죠. 수백만 에이커의 황폐한 땅이 이미 복원되었어요.

거대한 도심 농장이 열렸어요. **파리의 옥상에요!** 런던의 한 기업에서도 비슷한 작업을 하고 있는데, 이곳에서는 오래된 방공호를 장소로 삼았답니다. 여기저기에서 이런 농장이 생겨나고 있어요. 상상해 보세요. 제철 과일과 채소를 집에서 걸어갈 수 있는 거리에서 기르고 있는 거예요. 이 유행이 세계적으로 번지면, 도시의 녹지를 늘릴 뿐만 아니라 푸드 마일*을 크게 줄일 수 있을 거예요. 숲을 보호하는 데 크게 이바지하는 건 물론이고요.

* 식품이 생산자에게서 소비자에게로 전달되는 동안 이동하는 거리를 재는 단위.

싱가포르를 빼놓고 옥상 이야기를 할 수는 없겠죠. 싱가포르의 고층 빌딩에는 옥상 정원과 '슈퍼 트리'라고 하는, 세로로 지어진 도심 정원이 많아요. 난초와 덩굴처럼 아름다운 식물로 가득 채워진 이 도심 정원들은 빗물을 모으거나 태양열을 이용하여 전기를 생산하는 등 흥미로운 일을 많이 해요.

스웨덴이나 **미국** 같은 나라에서는 해초 목초지(이런 게 있다는 거, 알고 있었나요? 저는 몰랐거든요!)를 복구하는 데 힘을 쏟고 있어요. 2020년에는 75만 개의 해초 씨앗을 영국 웨일스의 해안 바로 앞에 심기도 했어요. 알고 보니, 해초는 열대 우림보다 35배 빠르게 탄소를 흡수하며, 바다의 탄소 10%를 가두고 있다고 하네요.

　　세상 곳곳의 단체들과 정부들은 재생 농업을 연구하고 있어요. '재생 농업'이란, 자연에 발맞출 수 있는 농업 기술을 말해요. 좀 이상하고 인공적이고 자연에 맞서는 기술 대신에 말이죠. 이런 연구의 일부는 앞에서 말했던 고대 원주민의 지식에서 도움을 받고 있어요. 서아프리카의 작은 나라인 부르키나파소에서는 야쿠바 사와도고라는 이름의 농부가 '자이'라고 하는 전통적인 아프리카식 농법을 사용해 버려진 황무지를 울창한 숲으로 탈바꿈시켰다고 해요.

도전! 여러분이 새로운 도시의 개발을 맡았다고 생각해 보세요(축하해요!). 여러분이라면 어떻게 그 도시를 친환경적으로 만들겠어요? 기후 위기를 해결하기 위해 어떤 아이디어를 내놓을 수 있을까요?

채소를 먹읍시다

가축 때문에 발생하는 온실가스 문제에 대해 이미 다룬 적이 있어요. 온실가스 총량의 15%는 가축이 만들어 내는 거예요. 여러분이 무엇을 먹고 먹지 않을지 제가 간섭할 수는 없는 노릇이지만, 연구 결과에 따르면 우리가 기후 변화 목표를 달성하기 위해서는 인간이 소비하는 육류와 유제품의 양을 줄여야 한대요. 이를 장려하기 위해 여러 가지 일이 벌어지고 있어요. '고기 없는 월요일', 식당과 학교에서 더 많은 채식 선택지가 생겨나는 것, 가정에서 사용할 수 있는 똑똑한 대체 육류와 대체 유제품 등이에요.

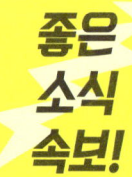

빈의 채소 오케스트라는 당근 플루트, 부추 바이올린, 피망 트럼펫, 호박 드럼을 가지고 세계를 돌며 연주 여행을 하고 있어요. 모든 악기는 채소로 만들어졌고, 아무것도 낭비되지 않아요. 남은 채소로는 맛있는 수프를 만들어서, 공연이 끝난 뒤에 관객들에게 제공하거든요.

친환경 에너지

그거 아세요? 오염원 에너지(오염의 원인이 되는 에너지)에서 청정에너지로 옮겨 가기 위한 기술 대부분은 이미 존재하고, 끊임없이 개선되고 있답니다. 세계의 ⅔ 정도 되는 지역에서 풍력과 태양열 에너지는 모든 에너지 중 가장 저렴한 에너지예요. 맞아요. 청정에너지가 오염원 에너지보다 더 값이 싸요. 그리고 청정에너지는 지금, 이 순간에도 더 저렴해지고, 더 나아지고 있어요(그 모든 에너지를 보관하기 위한 배터리도요.).

청정에너지는 종류가 많아요. 화석 연료(특히 석탄은 그중에서도 환경을 가장 많이 오염시키는 연료예요.) 사용을 줄이기 위해서는 다음과 같은 다양한 종류의 청정에너지를 섞어서 사용해야 할 거예요.

수력(흐르는 물 이용)
풍력(바람 이용)
태양열(태양 이용)
바이오 연료(동식물 폐기물 이용)
지열(땅속 깊숙이 저장된 열 이용)
그린 수소(전기 분해한 물 이용)

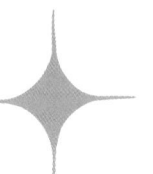
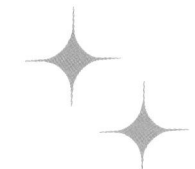

새로 등장한 에너지원, 그린 수소에 대해 알아볼까요?

  수소는 우주 전체에서 가장 풍부한 원소이지만, 지구에서는 대체로 다른 원소와 함께 있어요. 산소와 찰싹 붙으면 물(H_2O)이 되는 식이에요. 다량의 전기를 이용하면 '전기 분해'라는 과정을 통해 수소를 추출할 수 있어요. 이때 풍력 발전기나 태양열 발전기로 만든 전기를 사용하면, 완벽하게 친환경적인 수소 에너지가 만들어지죠! 몇몇 과학자들이 이 신기한 에너지 생산 방식을 연구하고 있어요. 그린 수소를 이용해서 가정집에 난방을 하고 교통수단(기차, 버스, 트럭같이 큰 교통수단을 포함해서요. 그리고 어쩌면 언젠가는 비행기도요.)을 움직일 수 있으리라 생각하는 사람들도 있어요. 아니면 다른 에너지의 부족분을 채우거나, 예비용으로 보관해 둘 수 있을 테고요. **하지만** 그린 수소는 비싸요. 그리고 수소는, 음, 엄청나게……

폭발하기 쉬워요!

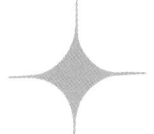

아직 갈 길이 멀어요. 그래도 꾸준히 지켜볼 만한 기술이죠?

상황이 온통 장밋빛이기만 한 건 아니에요. 중국(세계에서 가장 많은 온실가스를 배출하는 국가예요.)이 청정에너지에 가장 많은 투자를 하고 있다는 이야기와 가장 많은 양의 석탄을 사용하고 있다는 이야기가 동시에 들려와요. 인도 역시 청정에너지 활동을 많이 하지만, 여전히 석탄을 많이 사용하고요. 여기에서 잠시 멈춰 볼게요. 앞에서 말한 상황을 정확히 이해하려면 반드시 파악해야 할 맥락이 있어요.

중국과 인도는 어마어마하게 인구가 많은 국가들이에요. 중국과 인도의 인구를 합치면 세계 인구의 $\frac{1}{3}$에 해당해요. 식량과 집을 제공하고, 돌봐야 할 사람들이 엄청나게 많은 거죠. 그러니 이 나라들이 많은 에너지를 사용하는 것도 당연해요. 하지만 1인당 온실가스 배출량(수학을 좋아하는 여러분들을 위해 설명하자면, 한 국가의 총 온실가스 배출량을 인구수로 나눈 거예요.)을 따져 보면, 중국과 인도는 미국 보다 훨씬 적답니다.

그렇다고 이런 나라들을 눈감아 주자는 이야기는 아니에요. 중국은 2060년경 탄소 중립*을 이루어 내기로 약속했고, 풍력과 태양열 에너지에 많은 돈을 쏟아붓고 있어요. 인도(중국과 미국 다음으로 탄소 배출량이 가장 많아요)는 석탄보다 태양 에너지에 더 많은 돈을 투자하고 있고요. 인도 역시 탄소 발자국** 감소에 관한 상당히 대담한 약속을 했고, 그 약속을 지켜 나가고 있어요.

지구 반대편에서도 좋은 소식이 들려와요. 2019년 코스타리카는 총 에너지 사용량의 99%를 청정에너지로 충당했어요. 노르웨이가 바짝 뒤를 쫓고 있고요. 아이슬란드와 파라과이는 100%를 달성했고, 점점 더 많은 국가가 그 뒤를 따르고 있답니다.

* 탄소를 배출하는 만큼 그에 상응하는 조치를 취하여 실질 배출량을 '0'으로 만드는 일.
** 사람이 활동하거나 상품을 생산·소비하는 과정에서 직간접적으로 발생하는 이산화 탄소의 총량.

오염원 에너지에서 청정에너지로 옮겨 가는 모습을 보면 안도감이 들어요. 하지만 전기(그리고 열)를 생산하느라 배출하는 온실가스의 양은 세계 온실가스 배출량의 $\frac{1}{4}$을 차지할 뿐이에요. 또 다른 큰 원인은 교통수단인데요, 이 부분도 한번 살펴볼게요.

이동하는 방법을 바꾸기

교통수단은 환경을 오염시켜요. 온실가스를 없애려는 우리의 노력에 큰 훼방을 놓고 있죠. 특히나 도로를 오가는 자동차, 버스, 트럭 같은 탈것이 가장 큰 문제예요. 영국이나 미국 같은 나라에서는 심지어 전기 생산보다 이쪽이 더 심각한 문제랍니다.

뛰/뛰/빵빵

하지만 이것 역시 바뀌고 있어요.

이제 우리에게는 **전기 차**가 있으니까요.

전기 차는 환경을 덜 오염시키는 친환경 탈것이에요. 전기 차의 판매량은 세계 곳곳에서 계속 늘어나고 있어요. 전기 차의 종류는 점점 더 다양해지고 있고, 한 번 충전하고 더 먼 거리를 이동할 수 있도록 배터리 역시 점점 더 강력해지고 있죠. 전기 차의 가격 역시 더 저렴해졌고, 도시 곳곳에 충전소가 생겨나고 있어요. 전기 차를 이용하는 게 훨씬 쉬워진 거죠!

한 연구 결과에 따르면, 2050년에는 세계의 도로를 오가는 자동차 중 절반이 전기 차가 될 수도 있다고 해요. 만약 그렇게 된다면, 오늘날 러시아가 배출하는 수준의 탄소 배출량을 줄일 수 있을 거예요.

또한, 휘발유나 디젤도 이용하고 전기도 이용하는 하이브리드 자동차도 있어요. 완전히 친환경 차량으로 넘어가기 전의 중간 지점 같은 거예요. 하이브리드 자동차가 전기로 굴러가는 시간이 길수록, 탄소 배출량도 줄어들어요.

승용차에만 해당되는 변화는 아니랍니다. 다음과 같은 것도 역시 서서히 전기 차로 바뀌고 있어요.
- 전기 이륜차와 삼륜차
- 전기 버스
- 전기 밴과 트럭
- 심지어는 대형 트럭(도로의 진짜 괴물들이죠.)

이런 변화에는 시간이 걸리지만, 어떤 나라들은 전기 차를 크게 지원하고 있어요. 몇몇 나라들은 심지어 연소 기관(화석 연료를 태우는 기계)을 사용하는 신차의 판매 금지가 시작될 날짜도 정해 뒀고요. 런던, 바르셀로나, 베이징 같은 도시에서는 특별한 저배출 구간을 지정해서, 배출량이 지나치게 많은 차량이 들어가지 못하게 하고 있어요(이런 구간이 유럽에만 250개 이상 있답니다!).

또 친환경 수소 연료 전지를 사용하는 자동차도 있어요. 이런 차량이 배출하는 '폐기물'은 수증기가 유일해요. 이런 차량은 아직 그 수가 많지는 않지만, 미래에는 인기를 얻을 수도 있을 거예요. 어떤 사람들은 자동차의 가장 좋은 대안은 전기 차라고 말하지만, 수소 연료 전지는 버스나 트럭 같은 대형 차량 쪽에 도움이 될 수 있을지도 몰라요. 이런 새로운 기술은 점점 더 효율적으로 변하고 있어요! 어느 쪽이든, 우리의 장래는 아주 밝고, 아주 친환경적이랍니다.

잠깐만, 차에서 내리세요! 친환경 자동차, 버스, 트럭을 만드는 것뿐만이 아니에요. 탈것의 사용 자체를 줄이는 것도 중요해요. 가능한 한 많이 걷고, 자전거를 타고, 대중교통을 사용하는 거죠(물론 모두에게 가능한 일은 아니지만요.). 다음 도시들은 이런 의미에서 '참 잘했어요' 도장을 받을 자격이 있어요.

코펜하겐: 이곳에서는 자전거가 왕이에요! 코펜하겐에서 자전거는 가장 대표적인 교통수단이고(자동차보다 자전거가 더 많아요!), 걷는 것 역시 매우 편하답니다.

런던: 전기 택시와 버스가 점점 늘어나고 있는 도시예요. 철도와 지하철 시스템이 발달했고, 유명한 자전거 대여 서비스가 운영되고 있어요.

파리: 파리의 자전거 도로는 1,000km가 넘어요. 주요 강변 고속 도로가 산책로로 바뀌기도 했어요.

홍콩: 저렴하고 엄청나게 효율적인 대중교통 시스템(특히 지하철!)을 갖추고 있어요. 홍콩의 일일 교통량의 90% 이상을 책임지죠. 엄청난 수치예요.

상파울루: 이 대도시는 자동차에서 점점 친환경적인 교통수단으로 옮겨 가고 있어요. 앞으로 지켜볼 만할 거예요! 이미 존재하는 것을 개선하는 것으로도 점수를 받아야 하지 않겠어요?

보세요! 많은 곳에서 많은 일이 일어나고 있어요. 제가 이 장에 모든 것을 욱여넣을 수 없을 정도로요. 기후 위기에 대응하기 위해서는 다양한 방법을 활용해야 할 거예요. 하지만 희망은 분명 있어요. 정말이에요.

"희망을 품을 이유는 분명히 있습니다. 그것은 바로 우리의 똑똑한 두뇌, 자연의 회복력, 인간의 불굴의 의지죠. 그리고 무엇보다, 행동을 취할 수 있는 권한이 주어졌을 때 발휘되는 젊은이들의 헌신이에요."

제인 구달 박사 | 영장류 학자, 환경 보호 활동가

우리가 이루어야 할 목표

- 삼림 파괴, 특히 열대 우림 파괴를 그만둬야 해요. 진짜로요. 그만두세요.
- 삼림·야생 복원 프로젝트와 재생 농업을 통해 세상을 녹색으로 물들여야 해요.
- 땅에 대한 원주민의 권리를 보호해야 해요. 이 사람들은 자연을 보호하는 방법을 잘 알아요.
- 모든 분야(교통수단에서 난방과 조명까지)에서 화석 연료를 청정에너지로 대체해야 해요.
- 보행자와 자전거 이용자를 위해 도시를 재계획해야 해요. 저렴하고 신뢰할 수 있는 대규모 대중교통망은 물론이고요.

목표를 이루기 위해 여러분이 할 수 있는 일

공부하세요: 중요한 이슈에 대해 알아보세요(이번에도 가짜 뉴스를 주의하고요!). 다양한 기업과 나라에서 변화를 불러오기 위해 무엇을 하고 있는지 찾아보세요.

대화하세요: 기후 위기에 대해서 말이에요. 여러분의 목소리를 사용해 기후 위기에 대해 알리고, 특히 잊히기 쉬운 원주민과 지역 사회 주민들의 목소리를 조명하세요.

목소리를 내세요: 여러분의 지역 정치인들이 환경을 보호하기 위해 충분히 많은 일을 하지 않고 있나요? 편지를 써서 옳은 방향으로 살짝(혹은 거세게) 밀어 주세요. 기업의 CEO(제일 높은 사람이에요.)에게도 편지를 쓰세요. 일 좀 제대로 하라고 말이죠.

변화를 불러오세요: 기후 위기 대응에 제 몫을 하는 기업을 지지하세요(그러지 않는 기업을 피하거나, 영업 방식을 바꾸라고 연락을 취하는 것을 고려해 보고요.). 최대한 대중교통을 사용하고, 자전거나 운동화를 꺼내세요(가능하다면요.). 이미 잘하고 있겠지만 사용하지 않는 전자 제품의 코드를 뽑고요, 에너지를 덜 쓰는 전구로 교체할 수 있는지 어른들에게 물어보세요. 쓰레기를 줄이세요. 옷이든 음식이든요. 그리고 음식에 관해서 이야기가 나왔으니 하는 말이지만, 여러분의 지역에서 기른 제철 식품을 애용하세요. 채소를 많이 먹는 것도 잊지 말고요!

제 4 장

좋은 건강

건강 영웅들, 로봇, 그리고 신기한 화장실

최근, 코로나-19 때문에 건강이 주목을 받고 있죠? 많은 사람이 건강을 염려하고, 지키고 싶어 해요. 그런데 여러분은 '건강'이 무엇이라고 생각하나요? '건강한 사람'의 고정된 이미지에 나 자신을 끼워 맞추는 건 아닐 거예요. 우리는 모두 다르니까요. 하지만 우리가 모두 동의할 수 있는 부분도 있어요. 인간이 살아가기 위해 필수적인 몇 가지 것들이에요. 사람이라면 누구나 깨끗한 물이 필요해요. 마시고, 몸을 씻고, 요리하기 위해서죠. 또 화장실이 필요해요. 안전하게 우리의, 음, '배설물'을 처리해 주는 화장실이요. 이런 것(그리고 안전하게 살 수 있는 깨끗한 공간)을 갖추지 못하면, 충분히 예방 가능한 온갖 병에 걸릴 수 있어요. 아, 그리고 우리는 의료 서비스도 필요해요. 병을 예방하기 위해서, 병에 걸렸는지 확인하기 위해서, 그리고 만약 병에 걸렸다면 치료하기 위해서요!

엄청나게 기본적인 목록 같죠?
굳이 논할 필요도 없는, 몹시 당연한 것이요.
그렇게 어려울 이유가 없어 보여요.

하지만 세계 보건 기구(WHO)에 따르면
오늘날 수십억 명의 사람이 이런 것들을
누리지 못합니다.

전 세계 인구의 $\frac{1}{2}$ 은 필수 의료 서비스를 누리지 못하고 있어요.

지구상에 사는
사람
10명 중 1명은
깨끗하고 안전한
마실 물이
없어요.

사십억 명 이상의 사람들이 **안전하게** 관리되는 **위생 시설** (집 안에 설치된, 배설물을 처리하는 화장실)을 갖추지 **못하고** 있어요. **세계 인구의 반 이상**이요.

더 큰 문제는, 이런 것을 누리는 사람과 누리지 못하는 사람들 간의 격차가 엄청나다는 거예요. 어떤 나라는 잘살지만, 또 어떤 나라는 상황이 엄청나게 나빠요. 그러니 세계 보건에 대한 머리기사가 특히나 무시무시하게 느껴지는 것도 놀랍지 않죠.

나쁜 소식은 어딜 가도 들을 수 있어요. 하지만 이 책은 좋은 소식에 관한 것이니 좋은 소식에 대해 말해 볼게요. 다른 것과 마찬가지로, 위생 문제 해결에도 개인과 기업과 자선 단체와 세상 곳곳의 정부 들이 참여하고 있어요. 그리고 조금 더 자세히 들여다봐야 눈에 들어올 수도 있겠지만, 나아지고 있는 부분도 분명 있답니다. 점진적인 개선은 시선을 끄는 머리기사는 될 수 없어도, 의미가 커요. 모든 개선은 사람들의 생명을 구하거나 삶을 나아지게 하거든요. 어떤 경우에는 수백만 명을 구하기도 해요.

> "아무도 세상을 더 나은 곳으로 만들기 위해 한순간도 기다릴 필요가 없다는 것은, 얼마나 멋진 일이니?"
>
> 안네 프랑크 | 독일 태생 유대인, 제2차 세계 대전 일기 작가

질병과의 싸움 : 성공담

백신과 항체 도장

수백만 명의 목숨을 구하는 개선에 관해서 논하자면, 질병을 예방하는 백신을 빼놓을 수 없죠(주의하세요. 백신에 관한 가짜 뉴스는 양도 많거니와, 엄청나게 빠르게 퍼지는 통에 사람들이 백신 접종을 주저할 수가 있어요. 백신이 인생을 바꿔 놓을 정도로 중요한데도요.).

잠깐, 백신이 대체 뭔가요? '백신'이란, 우리 몸이 특정한 질병을 일으키는 병균과 싸우는 방법을 익힐 수 있도록 도와주는 주사약이에요.

우리 몸을 태권도장이라고 상상해 보세요. 백신은 태권도장의 사범님 같은 존재예요. 질병을 일으키는 병균과 아주 비슷하지만 그만큼 위험하지는 않은 병균을 우리의 몸에 넣어요. 그러면 우리 몸의 면역 체계는 항체를 생성하는 방법을 배우고, 그 병균을 알아보고 맞서 싸울 수 있게 되죠.

내가 상대해 주마!

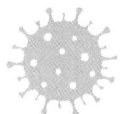

항체 VS 병균

그래서 진짜 병균이 우리 몸에 들어왔을 때, 우리 몸은 정확히 뭘 해야 할지 알고 있는 거예요.

> 1980년에는 세계 아동 중 20%만이 백신을 접종했어요.

2020년에 이 수치는 86%까지 올라갔어요. 이런 예방 접종은 아동들을 홍역, 파상풍, 소아마비 같은 질병에서 보호해요(항체 도장은 그간 엄청 바빴어요.). 최근의 코로나-19 대유행 때문에 세계 곳곳의 아이들을 돕는 것이 비교적 어려워졌어요. 하지만 예방 접종 분야에서 정말 많은 좋은 일을 해 온 단체들(로터리 인터내셔널, 세계 보건 기구, 빌&멜린다 게이츠 재단처럼요.)이 최대한 빨리 예방 접종을 원래 상태로 복구할 수 있도록 최선을 다하고 있답니다.

잘 가, 천연두!

사실 인간은 이전에 질병 하나를 근절한 기록이 있답니다. 바로 천연두 이야기예요. 천연두는 3,000년간 세상 곳곳을 아비규환으로 만들었고, 수억 명의 사람이 천연두로 사망했어요. 그러다가 1796년에 천연두 백신이 개발됐죠. 완전한 박멸까지는 200년이 넘게 걸렸지만요. 1967년, 세계 보건 기구에서 **대계획**을 세워 천연두 박멸 프로젝트에 박차를 가했어요. 세계 보건 기구는 여러 나라의 협력을 이끌어 내고, 백신의 품질 관리를 하는 등 큰 역할을 했죠. 1979년 무렵에는 천연두를 완전히 퇴치했다는 발표가 나왔답니다. 협력은 중요하다고 제가 말했잖아요. 그렇죠? 인류는 함께할 때 비로소 큰일을 해낼 수 있어요.

다시는 보지 말자, 소아마비!

다른 백신도 열심히 일하고 있어요. 인류는 소아마비 근절을 앞두고 있어요.

- 1988년에는 125개 국가에서 35만 건의 소아마비가 발생했어요.
- 2019년에는 총 40건 미만의 소아마비가 발생했고, 발생지는 두 국가에 불과했어요.

> 이건 99.9%의 하락이에요!

백신 동맹, 세계 백신 면역 연합

 백신 전선의 진척 중 큰 부분은 로터리 인터내셔널, 세계 보건 기구, 빌&멜린다 게이츠 재단 같은 단체 덕택이에요. 더 최근에는 '세계 백신 면역 연합(Gavi)'이라는 단체도 이 노력에 참여했어요. 이 단체는 국제적인 백신 동맹으로서, 저소득 국가의 아동들이 앞에서 말한 질병에 걸리지 않도록 그들에게 백신을 접종하는 데 이바지하기 위해 2000년에 설립되었어요. 그리고 정부, 과학자, 백신 생산자, 자선 단체와 함께 일하고 있죠. 오늘날 이러한 협력을 통해 세계 아동의 절반가량에게 예방 주사를 제공하고 있답니다. 필요한 비용은 부유한 국가들이 지원해요. 비교적 빈곤한 국가의 아동들이 필요한 백신을 공급받을 수 있게 하기 위해서요. 백신을 지원받는 국가들이 부유해지면, 이번에는 그들이 돈을 기부할 차례예요. 즉 서로가 서로를 돕는 거죠. 이 얼마나 가슴 따뜻해지는 일인가요?

> "혼자서 **우리는** 거의 **아무것도 이룰 수 없으나,**
> 함께하면 많은 **일을 이루어 낼 수 있어요.**"
>
> 헬렌 켈러 | 작가, 교육자, 장애인 인권 활동가

세계 백신 면역 연합, 세계 보건 기구, 그리고 여러 파트너가 선봉을 맡고, 170개 이상의 국가가 힘을 합쳐 연구와 운송 비용을 부담하여 코로나-19 백신이 공평하게 분배될 수 있도록 했어요. 백신을 가지고 있는 것만으로는 충분하지 않고, 세상 곳곳의 가장 취약한 사람들에게까지 가서 닿아야 하기 때문이에요. 코로나-19 사태는 우리 모두가 얼마나 긴밀하게 연결되어 있는지 증명했어요. 어느 나라든 홀로 맞설 수 있는 문제가 아니에요. 모두가 함께 헤쳐 나가야 해요.

속도 올리기

백신은 개발하는 데 보통 10~15년 정도가 걸려요(더 오래 걸릴 때도 있고요.). 하지만 필요하다면, 과학자들은 **재빨리** 움직인답니다. 전 세계 과학자들이 코로나-19 백신을 얼마나 빨리 만들어 냈는지 생각해 보세요. 수백만 명이 프로젝트에 자원하고, 무에서 화이자/바이온텍 백신을 1년 이내에 개발해 냈죠. 수년, 혹은 수십 년 걸리는 과정을 수개월 안에 해치워 버린 거예요. 인간의 창의력과 팀워크가 얼마나 훌륭한지 이야기했었죠?

유전체학

무슨 학?! 제 반응도 그랬어요.

'유전체학'이란 단순히 말하면 유전체, 즉 게놈을 연구하는 학문이에요. 질병에 맞서는 데 큰 도움이 되죠. 모든 생물은 게놈을 보유하고 있어요. 게놈은 여러분을 어떻게 조립할지 알려 주는 사용 설명서 같은 건데, DNA라는 것으로 이루어져 있죠. 1990년에 시작된 '인간 유전체 프로젝트'의 일환으로, 세상 곳곳의 과학자들이 13년이라는 긴 시간을 인간의 게놈과,

게놈을 구성하는 30억 개의 조각이 어떤 순서로 배열되어 있는지 밝혀내는 데 투자했어요(엄청나게 어려운 레고 세트인데, 레고 회사가 조립 설명서를 깜빡했다고 생각하면 돼요.). 왜 이런 일을 했을까요? 게놈은 암, 심장 질환, 당뇨병 같은 특정한 병에 걸릴 확률을 알려 주는 열쇠이거든요. 즉, 질병의 위험성을 미리 파악해서, 상황이 더 나빠지기 전에 대책을 마련할 수 있다는 뜻이죠. 미래에는 유전체학 덕택에 의사들이 환자 개개인에게 맞춘 치료법을 만들 수 있을지도 모른대요. 이것을 '정밀 의학'이라 하는데, 의학의 판도를 완전히 바꿔 버릴 수도 있어요.

"누가 의사 좀 불러 주세요!"

의료 서비스 접근권은 매우 중요해요. 병원과 의학 전문가 없이는 사람들의 건강을 돌볼 수 없잖아요. 그리고 앞에서 말한 예방 주사도 요정이 날아와서 마법처럼 놓아 주는 게 아니니까요. 이런 일을 해내려면 의료계의 영웅들이 필요해요. 그럼 몇몇 영웅과 이들이 해내고 있는 훌륭한 일을 살펴볼까요?

건강 영웅들

백신 전사: 소아마비 예방 접종 프로젝트에는 2,000만 명 이상의 의사와 간호사가 동원됐어요. 북적이는 도시부터 깊은 정글 속, 산꼭대기의 외딴 마을까지, 다양한 환경에 사는 어린이들을 찾아가야 했죠. 자전거와 헬리콥터부터 낙타와 당나귀까지 온갖 탈것이 동원됐어요. 놀랍지 않나요? 여러분이 의료진을 찾아갈 수 없다면 의료진이 여러분을 찾아오는 거예요.

이동 의료진: 잠비아나 이라크, 미국의 시골까지, 세상 곳곳에서 이동 진료소가 운영되어서, 근방에 병원이 없는 지역을 직접 찾아가요. 이런 진

료소는 시리아 난민 캠프에도 찾아가고, 런던 길거리의 노숙자들에게도 도움을 줘요.

모바일 의료진 : '모바일 의료'란, 의료진이 건강 검진과 진료를 영상 통화, 전화, 또는 문자로 진행하는 것을 말해요. 이런 방식의 진료는 외딴곳에 사는 사람들에게도 유용하지만, 독일, 미국, 중국 같은 곳에서도 인기를 얻고 있어요(편리하고, 빠르고, 간단하니까요.). 그리고 세계에 전염병이 돌 때도 유용하다는 것이 증명됐죠.

코로나-19 사태의 건강 영웅들

코로나-19가 세상을 휩쓸기 시작한 뒤로 많은 영웅이 등장했어요. 간호사, 의사, 간병인을 비롯한 의료진이 밤낮없이 (자신의 생명에 큰 위협을 받으며) 환자들을 돌봤어요. 영국에서는 이런 사람들을 **핵심 노동자**라고 해요. 없으면 안 되는 사람들을 가리키는 말이에요. 의료진뿐만 아니라, 물자가 돌 수 있게 하는 가게 점원과 배달원, 쓰레기를 수거하는 사람들, 다른 핵심 노동자들이 일하는 동안 그들의 자녀를 돌보는 선생님들도 핵심 노동자예요. 아무래도 우리는 전염병 같은 크고 무시무시한 일이 일어나야만 특정 직업의 중요성을 깨닫게 되는 것 같아요. 이런 일을 하는 **영웅**들은 노고에 비해 충분한 보수를 받고 있지 않아요.

도전! 핵심 노동자들은 우리를 위해 참 많은 일을 해요. 그들에게 감사를 표현하는 창의적인 방법을 떠올릴 수 있나요? 편지, 사진, 시, 노래, ……. 여러분 주변의 학교나 병원, 식료품점에 보내서, 여러분이 핵심 노동자들에게 얼마나 감사하고 있는지 보여줄 방법을 생각해 보세요.

적정 가격의 의료 서비스

의료 서비스는 **비싸고**, 세상에는 돈이 없어서 필요한 치료를 받지 못하는 사람들이 있어요. 매년 전 세계적으로 1억 명이 의료비 때문에 극심한 빈곤을 겪어요. 이런 상황에서 빛나는 것이 영국의 국가 보건 서비스(NHS)예요.

제2차 세계 대전 이후 1948년에 세워진 NHS는 영국 시민 모두가 태어나서 죽을 때까지 의료 서비스를 받을 수 있도록 하는 거대 프로젝트예요. 시작은 분명 험난했어요. 인력은 부족했고, 진료를 받으려는 사람들의 줄이 끝도 없이 길었어요. 하지만 NHS는 사람들의 삶에 큰 변화를 불러왔어요. 의사와 만나고, 진료하고, 검사하고, 수술하는 것까지 모두 **무료**라는 뜻이에요(그게 필요하다면 말이죠.). 아뇨. 돈이 열리는 나무가 있는 게 아니에요. 비용은 전부 세금에서 나와요. '세금'이란 그 나라에 사는 사람들 모두가 조금씩 내는 돈을 말해요(돈이 많은 사람은 돈이 적은 사람보다 더 많이 내야 하죠.). 세금을 모아서 모두가 이용할 수 있는 학교, 공원, 길, 응급 서비스, 병원 등을 만들어요. 필요하다면 언제든 의료 서비스를 받을 수 있죠. 누구든, 어디에 살든, 돈이 얼마나 있든 관계없어요. 도움이 필요하면, 받을 수 있어요.

'샌프란시스코 커들 클럽'은 외로운 어르신과, 늙어서 입양이 어려운 개를 연결해 줘요. 개를 입양함으로써 어르신들은 애정, 인생의 동반자, 가벼운 운동의 기회를 얻는 거죠!

> "우리는 물이라는 일상적인 특권을 당연하게 받아들이고는 해요."
>
> 마르쿠스 사무엘손 | 에티오피아계 스웨덴인 요리사

깨끗한 물

질병이 퍼지는 것을 막기 위해서는 깨끗하고 안전한 물이 필수적이에요. 하지만 세상 곳곳에는 물을 구할 수 없는 사람이 많아요. 아니면 아주 멀리, 위험한 길을 걸어가야만 겨우 구할 수 있든가요.

좋은 소식은, 사정이 나아지고 있다는 거예요. 세계 보건 기구와 유니세프*의 보고서에 따르면, 2000년 이후로 최소 18억 명이 파이프 등을 통해 더 나은 식수원에 접근할 수 있게 되었다고 해요.

지금도 세계 곳곳에서는 물 공급이 고르게 이루어지지 않아요(하루에 몇 시간만 물이 나오는 식으로요.). 아마도 여러분은 매일매일 하루 종일 흐르는 물을 쓰는 게 익숙할 거예요. 사실은 그게 **사치스러운** 일인 거죠. 하지만 발전은 발전이에요. 어디든 시작점은 있어야 하잖아요. 에티오피아를 보세요. 고작 25년간 인구 40%에게 안전한 식수를 공급하는 데 성공했어요. 전쟁, 기아, 각종 지역적 어려움을 딛고 서서요. 놀라운 일이죠.

또 다른 예로는 파라과이가 있어요. 2000년에는 파라과이의 시골 인구 중 절반 정도만 안전한 물을 공급받았어요. 2017년에는 그 수치가 99%까지 올라갔답니다. 파라과이 사람들이 물 공급을 얼마나 간절히 바랐냐면, UN보다도 3년 전에 이미 물에 대한 접근권을 인권으로 공표했을 정도예요.

* 1946년 개발 도상국 아동의 복지 향상을 위해 설립한 국제 연합의 특별 기구. 1965년 노벨 평화상을 받았다.

손을 씻으세요

엄청나게 당연한 소리처럼 들리겠지만, 비누와 물로 손을 씻는 것(제대로 박박 문질러 씻는 것 말이에요.)은 질병을 예방하는 데 **엄청나게** 큰 역할을 해요. 우리는 코로나-19에 맞서 싸우면서 손 씻기의 중요성을 알게 되었지만, 세계 인구 중 60%만이 집에 손을 씻을 수 있는 기본적인 시설을 갖추고 있어요. 이 상황을 바꾸기 위해 사람들이 노력하는 것도 이상하지 않죠. 유니레버 같은 기업들도 이 일에 참여했어요. 그들은 '라이프보이(Lifebuoy) 비누 손 씻기 프로젝트'를 실시하여 전 세계 10억 명 이상의 사람들을 도왔어요. 손을 씻는 장소를 만들고, 지역 공동체에 위생 교육을 실시하고, 비누를 저렴한 가격에 쉽게 구할 수 있게 해 주는 방식으로요.

자선 단체 역시 지역 공동체와 협력하여 많은 도움을 주고 있어요. 네팔에서는 '채리티:워터(charity: water)'라는 단체가 현지 파트너 '네팔 워터 포 헬스(Nepal Water for Health)'와 협력해 산꼭대기의 샘물을 끌어다 신둘리 구역의 수도꼭지까지 보내는 파이프 시스템을 만들었어요. 또 다른 예로 마다가스카르의 경우가 있어요. 이곳에서는 '워터에이드(WaterAid)'라는 단체가 현지 단체와 협력해 13개의 급수장을 포함한 새로운 물 공급 시스템을 만들었어요. 벨라바바리 마을에서 가장 나이가 많은 85세 다다베가 처음으로 새 수도꼭지를 틀었을 때, 너무나 기쁜 나머지 덩실덩실 춤을 추었다고 하네요!

깨끗하고 안전한 물과 긴밀하게 연결된 사안이 하나 더 있어요. 바로 **위생 시설**이에요.

달리 말하면……

화장실이요!

전 세계적으로 변기의 모양은 다양해요. 땅에 판 구멍부터 낮거나 높은 변기도 있죠. 어떤 곳의 변기는 엉덩이를 닦아 주거나 노래를 불러 주기도 해요! 하지만 제가 여기에서 다루는 것은 아주 기본적인 화장실 시스템이에요. 즉, 인간의 똥과 오줌을 안전하게 처리할 방법을 말하는 거죠. '<u>안전하게 처리</u>'에 밑줄을 긋도록 할게요. 인간의 몸에서 나온 폐기물을 안전하게 처리할 방법이 없으면, 상수도와 사는 곳이 오염되어서 온갖 끔찍한 병과 사투를 벌여야 하고, 그러면 또……. 무슨 소린지 알겠죠?

이렇게 중요한 화장실이 충분하지 않아요. 안전한 위생 시설에 접근할 수 있는 세계 인구(약 78억)는 절반도 안 돼요. 6억 7,300만 명의 사람들은 아직도 야외에서 용변을 보고 있어요. 다행히도 정부, 자선 단체, 지역 공동체에서 이 숫자를 줄이기 위해 애쓰고 있답니다. 특히 에티오피아, 방글라데시, 네팔, 파키스탄, 인도 같은 곳에서 큰 성공을 이루어 냈어요.

화장실 씨를 만나 볼까요?

농담이 아니에요. 싱가포르의 잭 심이라는 사업가는 **화장실** 공급 캠페인을 벌이기 위해 커리어를 포기했어요. 심은 사람들에게 교육을 제공하고 세상을 바꾸기 위해 2001년 11월 19일에 '세계 화장실 협회'를 설립했어요. 그날을 '세계 화장실의 날'이라 했고요. 12년 뒤, UN의 공식 달력에

'세계 화장실의 날'이 추가되었답니다. 여러분의 달력에도 써넣어 보는 게 어때요?

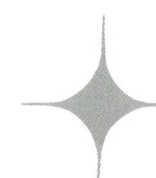

잭이 말하길: '제 목표는 똥(poop) 문화를 대중(pop)문화로 바꿔 놓는 것이랍니다.'

그리고 희망을 품을 만한 다른 소식도 있어요. 어떤 사람들은 '화장실'이라는 개념 자체를 바꾸어서, 누구나 접근할 수 있는 저렴한 위생 시설을 만들고자 해요.

제가 '화장실'이라고 할 때 여러분이 떠올리는 건 아마 이 물건일 거예요.

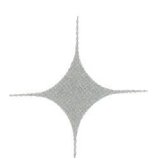

이 귀염둥이는 1775년에 개발된 기술을 기반으로 만들어졌어요 (이걸 이용하는 화장실 자체는 그보다 더 이전에도 있었어요. 메소포타미아의 수메르인들은 5,000년 전에 이미 이런 화장실의 초기 버전을 만든 바 있어요. 그리고 고대 인더스 문명에 물을 내릴 수 있는 화장실이 있었다는

증거도 있고요.). 이 시스템은 훌륭하지만, 극빈층은 여기에 필요한 하수 처리 시설 비용을 감당할 수 없어요. 그래서 더 저렴한 화장실 아이디어가 속속 나오고 있죠. 빌&멜린다 게이츠 재단에서는 심지어 **도전! 화장실** 대회를 통해 가장 훌륭한 발명품을 찾아내려 했어요. 수상작 중에서는 태양열을 사용하는 화장실과, 물이 필요 없는 나노 막 화장실이 있어요. 나노 막 화장실은 배설물을 작은 알갱이로 만들어 말린 다음 태워요. 이때 핸드폰 하나를 충전할 만한 전기 에너지를 생산해 낸답니다!

아무도 모를 일이에요. 어쩌면 언젠가 신기한 새 화장실 디자인이 세상을 바꿔 놓을지도요.

생명을 구할 수 있는 혁신에 관해 이야기하자면……. 기술 업계에서도 정말 많은 일이 일어나고 있어요. 한 번 살펴볼 가치가 있어요.

삶을 바꿔 놓는 기술

웨어러블 기기

이렇게 생긴 물건을 여기 저기에서 봤을 거예요. 어떤 기기는 손목시계처럼 착용할 수 있어서, 여러분의 걸음 수나 심장 박동 수 따위를 측정해요. 이런 기기는 사람들이 신체를 가꾸는 데만 도움을 주는 건 아니에요. 건강 검진을 받기 위해 병원에 갈 수 없는 상황이라면 매우 유용해요. 환자의 상태를 계속 추적해야 할 때도요.

드론 배달

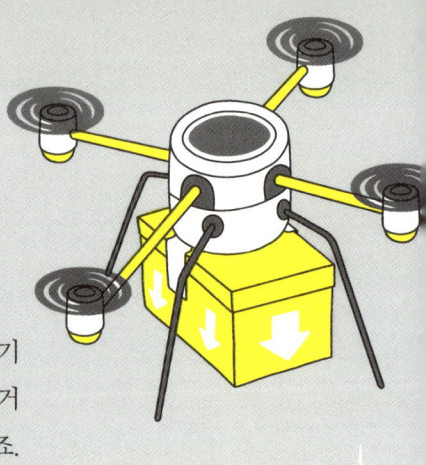

이렇게 생긴 물건을 어디에선가 본 적 있나요? 여러분 중 몇몇은 이런 걸 가지고 놀아 봤을지도 모르겠어요! 드론은 무인 항공기인데, 구급차와는 달리 어디에나 갈 수 있어요. 그래서 사람이 가기 힘든 곳에 의약품이나 진단 장비를 전달하거나, 연구실에서 사용할 표본을 가져올 수 있죠.

가상 현실(VR)

게임을 말하는 거냐고요? 아니에요! 물론 게임에도 쓰이지만, VR은 새내기 외과 의사들을 훈련시키거나, 현직 외과 의사들이 현실과 거의 비슷한 환경에서 까다로운 수술을 연습할 때 사용되기도 해요! 상상이 가세요? 심지어 편안한 환경이 눈앞에 펼쳐지게 해서 환자들이 마음을 편히 먹도록 할 수도 있어요. 좋은 음악과 편안한 배경을 곁들여서요. 가능성은 무궁무진해요.

3D 프린팅

3D 프린팅은 개인의 맞춤 수술 도구부터 의지(인공적으로 만든 팔다리를 말해요.) 등을 만드는 데 쓰여요. 값이 매우 비싸거나, 만드는 데 오래 걸리거나, 지금 당장 필요한 것(전염병이 도는 시기에 필요한 보호 장비 같은 거요!)을 만드는 데 유용해요. 3D 프린팅은 큰 변화를 불러올 수 있을 것 같아요. 언제쯤 맛있는 간식을 3D 프린터로 뽑을 수 있을지 궁금해지네요.

인공 지능(AI)

과학자들은 발견하기 힘든 질병을 진단(혹은 예측!)할 수 있는 '알고리즘'을 개발하고 있어요. 알고리즘은 **엄청나게** 많은 데이터를 처리하고 그 안의 패턴을 발견할 수 있기 때문이에요. 인공 지능은 인간을 대체하려는 것이 아니라, 인간이 더 잘 일할 수 있도록 도와주는 것이랍니다.

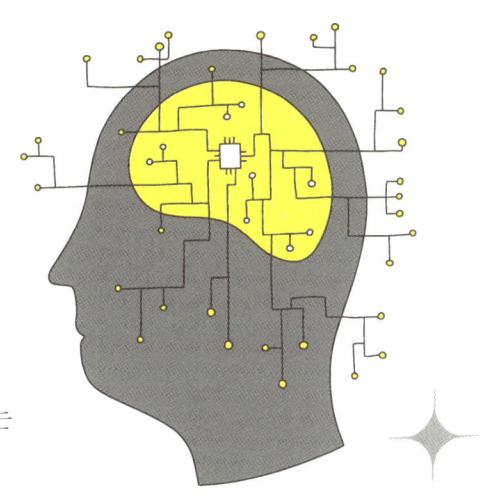

 도전! 의료 서비스에 인공 지능이나 로봇이 어떤 도움이 될 수 있을까요? 상상해 보세요. 우리의 미래에는 무엇이 기다리고 있을까요?

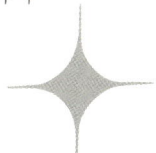 **좋은 소식 속보!** '그래비티 인더스트리'라는 영국 회사는 지역 응급 구조대원들과 협력해 의료용 제트수트를 시험하고 있어요. 접근하기 힘든, 가파르거나 암석이 많은 지역에 있는 사람들에게 도움을 주기 위해서예요.

건강은 매우 **커다랗고** 중요한 사안이에요. 생각보다 엄청나게 많은 세계적인 도전 과제가 남아 있고, 뉴스는 상황이 절망적이라는 인상을 주기 마련이죠. 그렇더라도 언론은 중요한 역할을 하고 있으니, 욕하지는 말자고요. 뉴스에 등장하는 건 우리가 언젠가 해결해야 할 문제들이니까요. 하지

만 뉴스를 보고 걱정이 되거나 도저히 감당이 안 된다면, 기다리세요. 그리고 기억하세요. 똑똑한 사람들이 그 문제를 해결하기 위해 끊임없이 노력하고 있다는 것을요. 당장은 나빠 보여도, 우리 건강 영웅들과, 똑똑하고 창의적이고 너그러운 사람들 덕택에 상황은 점점 나아지고 있어요. 어쩌면 언젠가는 여러분도 그중 한 명이 될지도 모르고요!

우리가 이루어야 할 목표?

- 근절 가능한 질병을 뿌리 뽑아야 해요.
- 모두가 깨끗한 물과 위생 시설(네, **화장실** 말이에요.)에 접근할 수 있게 해야 해요.
- 그 누구도 내버려 두어서는 안 돼요. 의료 불평등은 정말 큰 문제이고, 반드시 해결해야 할 문제예요. 여러분이 어디에서 태어났는지, 어디에서 살고 있는지가 치료받을 권리를 좌우해서는 안 돼요.
- 신기술을 똑똑하게 활용해서, 중요한 것들을 더 저렴하게, 더 낫게, 더 많은 사람이 누릴 수 있도록 해야 해요.

목표를 이루기 위해 여러분이 할 수 있는 일

공부하세요: 세상 곳곳의 보건 문제에 대해서요. 반드시 사실 확인을 하고, 가짜 뉴스 테스트를 활용해 오정보에 휘말리지 않도록 주의해야겠죠!

대화하세요: 여러분 주변 사람들과, 보건 문제에 대해서요. 하지만 여러분 자신의 건강에 관해 이야기하는 것도 잊지 마세요. 우리에게는 몸이 있고, 언젠가는 뼈가 부러지거나, 몸이 아프거나, 병원에 가야 할 날이 올 거예요. 그래도 괜찮아요. 무서워할 일이 아니에요. 참지 마세요. 무언가 신경 쓰이는 부분이 있다면(몸이든 마음이든), 믿을 수 있는 어른과 대화해서 도움을 받으세요.

목소리를 내세요: 공정하지 않은 일(어떤 사람들은 단지 특정 지역에 산다는 이유로 깨끗한 물과 멀쩡한 화장실을 사용할 수 있는데, 다른 사람들은 그렇지 않아서 온갖 질병에 노출되어 있다든가 하는 일이요.)을 보면, 그 분야의 기업에 편지를 써서 이 사람들에게 도움을 줄 수 있는지 알아보세요. 정치인들에게 연락을 취해, 그들이 할 수 있는 일이 있는지도 알아보고요.

변화를 불러오세요: 질병과 싸우거나, 사람들이 깨끗한 물과 안전한 위생 시설을 얻을 수 있도록 노력하는 프로젝트를 지원하기 위해 돈을 모금하는 방법이 있어요. 어쩌면 여러분은 미래에 최신식 화장실이나 생명을 구하는 다른 기술을 개발할지도 몰라요. 아니면 의사, 간호사, 또는 다른 핵심 노동자가 되어서 매일매일 사람들의 삶에 변화를 불러올지도 모르죠.

제 5 장

좋은 사회
공평함, 목소리 내기, 그리고 세상을 바꾸는 방법

무언가를 보고 정말이지 너무나 불공평하다고 느낀 적이 있나요? 여러분이 형제자매나 친구와 나쁜 일을 하다가 걸렸는데(물론 그런 일은 절대 일어나지 않겠지만, 그냥 그렇게 가정해 보라는 소리예요.), 형제자매나 친구가 도망가는 바람에 **여러분**만 혼이 난다던가요. 아니면 상상해 보세요. 엄청나게 더운 날이에요. 아이스크림을 사러 갔어요. 그런데 아이스크림 파는 사람이 여러분 앞사람에게 여러분보다 아이스크림을 **훨씬 많이** 주는 거예요. 앞사람의 눈이 녹색이라는 이유만으로요! 아니면 여러분 본인의 눈이 녹색이어서, 눈이 검은 친구보다 큰 아이스크림을 받을 수도 있겠죠. 그러면 어떤 기분이겠어요? 이게 과연 공평한 걸까요?

사람들이 "인생은 원래 불공평해."라고 말하는 걸 들어 봤을 거예요. 그 말이 맞아요. 나쁜 일(질병이나 사고 등)은 '착한' 사람들에게도 일어나고, 앞으로도 계속 그럴 거예요. 하지만 어떤 종류의 불공평함은 바로잡을 수 있어요. 어쩌면 여러분은 앞에서 말한 녹색 눈 예시가 이상하다고 느꼈을지도 몰라요. 하지만 실제로, 사람들은 겉모습 때문에 다른 대우를 받는답니다. 아니면 출신지라든가, 우리 신체가 할 수 있거나 할 수 없는 일 때문에요. 불공평한 대우에 대해서는 나중에 다시 이야기를 나눠 볼 거예요(아주 중요한 문제랍니다.). 하지만 그에 앞서서, 사람들이 가진 것과 사는 환경 사이의 **격차**를 논하려 해요.

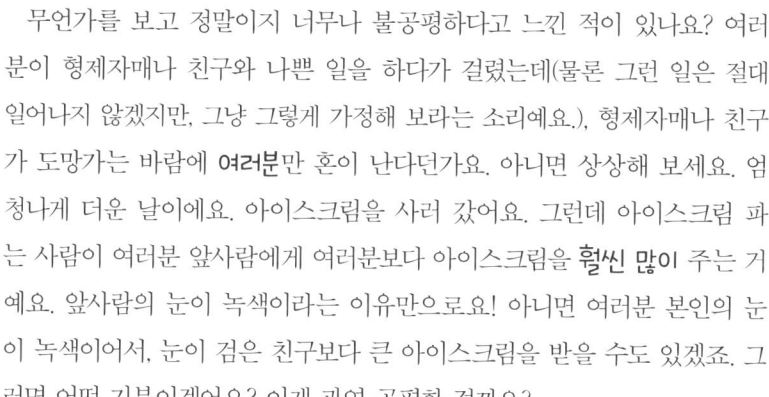

나라들 사이에 격차가 있듯,
나라 안의 격차도 있어요.

마음만 먹으면 뛰어넘을 수 있는 작은 격차를 말하는 게 아니에요. 어마어마하게 큰 **격차**를 말하는 거예요.

세상에는 돈이 너무 많아서 어쩔 줄을 모르는 사람들이 있어요. 반면에 어떤 사람들은 언제 제대로 된 식사를 할 수 있을지, 안전한 잠자리가 있을지 모르는 채로 살아가고요. 이런 사람들은 교육, 깨끗한 물, 의료 서비스 등 기본적인 것을 누리지 못할 수도 있어요. 이들에 관한 이야기를 뉴스에서 많이 봤을 거예요. 몹시 걱정스럽고, 마음이 아픈 이야기죠. 하지만 기억하세요. 인류는 이 문제를 해결하는 데 큰 진전을 이루었어요. 그리고 상황을 개선하기 위해 인생을 통째로 쏟아붓는 사람들이 있고요. 그간 우리의 성과가 아주 훌륭한 건 아니라도, 성적표를 갈기갈기 찢어야 할 정도는 아니에요. 인류가 여태껏 이루어 온 것을 보세요.

**인류는 극심한 빈곤에 맞서기 위해 노력하고 있고,
이런 노력은 성과를 보이고 있어요**

빈곤율은 전 세계적으로 하락하는 추세예요. 에엥? 신문에는 이런 말이 안 나오죠? 이는 빈곤율 하락이라는 사건이 어느 한순간 갑자기 발생한 게 아니라, 매우 서서히 진행되었기 때문이에요. 그러니 뉴스에 대문짝만하게 나올 일이 없었던 거죠. 하지만 분명 **사실**이랍니다.

'빈곤선'이란 사람이 생활을 유지하는 데 필요한 최소한의 소득 수준을 말해요. 완벽한 수치는 아니지만, 상황을 파악하는 데는 어느 정도 도움이 돼요. 국제적인 빈곤선의 기준은 미국 달러로 1.90달러(약 2,000원)예요. 이 기준을 사용해, 얼마나 많은 사람이 극심한 빈곤 속에 살아가고 있는지 알 수 있어요. 1990년과 비교하면, 오늘날 빈곤선 아래에서 사는 사람은 **절반** 이상 줄었어요(200년 전부터 꾸준히 줄고 있긴 한데, 과거로 갈수록 정확한 수치를 파악하는 게 어려워져요.). 1990년 이후로, 10억 명이 최악의 생활 조건에서 벗어날 수 있었어요.

오늘날에는 많은 사람이 1.90 미국 달러로는 생활을 유지하는 게 어려움도 없다고 말해요. 그 말이 옳아요. 정말 어림도 없는 소리죠. 좀 더 높은 빈곤선도 있어요. 일일 기준 5달러(약 6,000원), 7달러(약 8,000원), 심지어는 15달러(약 1만 7,000원)까지도 올라가죠. **어느 수치를 기준으로 잡든**, 빈곤선 아래에 있는 사람의 숫자는 계속 줄어들었어요. 지금까지는 분명 그랬는데……

누구도 예측하지 못한 세계적인 사건, 예를 들어 코로나-19 사태는 일자리를 잃는 등의 이유로 수백만 명의 사람을 도로 빈곤선 아래로 밀어 넣을 가능성이 있어요. 빈곤 퇴치를 위해 우리가 더 노력을 기울여야 한다는 뜻이죠. 여기서 '우리'는 우리 모두를 의미해요. 정부, 자선 단체, 기업, 개인 모두요. 이미 이렇게 멀리 왔는데, 인제 와서 멈추면 안 되잖아요.

좋은 소식 속보!

맨체스터 유나이티드의 축구 선수 마커스 래시퍼드는 코로나-19 대유행으로 학교들이 휴교하자 가난한 아동들이 밥을 굶는 일이 없도록 캠페인을 시작했어요. 수백 곳의 지역 카페, 식당, 가게, 자선 단체, 자문 위원회에서 자원해서, 가난한 아동들에게 무료 식사를 제공했어요. 얼마나 훌륭한 일인가요? 개인들 역시 나서서 도움을 줬어요. 이 캠페인에 대한 소문을 퍼뜨리고, 정부에 아동 빈곤을 근절할 것을 요구했죠.

세계적으로, 전례 없이 많은 아이들이 학교에 다니고 있어요.
그리고 전례 없이 많은 여자아이들이 학교에 다니고 있고요

'왜 여학생을 특별히 조명하는 거야?'라고 생각하고 있나요? 과거에는 대부분 지역에서 여자아이들은 학교에 갈 수 없었어요(남자아이와 여자아이가 동일한 기초 교육을 받았던 고대 스파르타 같은 몇몇 예외가 있기는 하지만요. **스파르타 만세!**). 사람들은 여자아이들이 그 예쁘장한 머리로 굳이 교육 따위에 힘쓸 필요가 없다고 생각했거든요(상상이나 가는 일인가요?).

다행히도, 지난 200년간 인류는 **크게** 변했어요(특히 지난 50년간요.). 오늘날, 대부분의 사람들은 남자아이뿐만 아니라 모든 아이가 교육을 받는 게 얼마나 중요한지 깨닫고 있어요. 그리고 점점 더 많은 남자아이와 여자아이가 학교에 다니게 되면서, 전례 없이 많은 아이들이 글을 읽고 쓸 줄 알게 되었어요. 덕택에 정말 많은 기회의 문이 열리게 되었고요. 교육은 단지 글을 읽고 쓰는 것에서 그치지 않고, **정말 많은** 사안과 긴밀하게 연결되어 있답니다.

건강처럼요.
교육을 통해 자신을
돌보는 법, 그리고
질병을 예방하는 법을
배우게 되죠.

또 자연을 이해하는 방법을
알게 돼요. 세상이 어떻게 굴러가는지,
그곳에서 나 자신의 자리는 어디인지
알 수 있게 돼요. 또한, 자연을
돌보는 방법도 배울 수 있어요.

그리고 삶을 살아갈 준비를 하게 돼요. 자기 자신에 대해 배우고, 다른 사람과 협동하는 법을 배우죠. 그리고 새로운 것을 배우는 방법을 훈련함으로써, 어른이 되면 직장을 얻거나 사업을 시작해 돈을 벌고, 가족이 더 좋은 삶을 살 수 있도록 도울 수 있어요.

교육은 열쇠예요.
기회의 문을 열어 주는 열쇠요.

> **"교육은 사치가 아니라, 생명선입니다. 특권이 아니라, 우선 사항입니다."**
>
> 요르단의 라니아 알-압둘라 왕비 | 운동가, 인도주의자

글을 읽고 쓰고 숫자를 다룰 수 있다면, 그런 능력이 필요한 직업을 얻을 수 있어요. 그런 일자리는 대체로 돈을 더 많이 주고요. 그래서 **기회의 평등**이 중요한 거예요. '기회의 평등'이란, 우리 모두에게 잘 살아갈 기회가 공평하게 주어져야 한다는 뜻이에요. 지금은 세상 곳곳에 있는 수백 명의 아이들이 너무나 많은 장애물을 마주하고 있어서, 도저히 공평하다고는 말할 수가 없는 상황이에요. 교육은 이런 상황을 변화시킬 수 있어요. 그러므로 교육은 무료여야 하고, 모두에게 주어져야 해요.

참 좋은 생각 아닌가요? 잊힐 수도 있었을 아이들을 위해 사람들이 어떤 노력을 하는지 알려 줄게요.

- 자선 단체 워 차일드(War Child)는 아프가니스탄과 예멘의 분쟁 지역에서 교사를 양성하고 학교를 짓고 있어요. 이런 노력을 통해 수천 명의 잊혔던 아동들이 교실로 돌아오게 되었고요.
- 레고 재단의 '교육은 기다릴 수 없다' 캠페인은 레바논 베이루트에서 폭발 사고로 파괴된 학교 40개를 안전한 곳으로 옮기고 다시 문을 열도록 도왔어요.

- 영국, 에스토니아, 스웨덴, 핀란드, 브라질, 인도, 라이베리아, 한국 같은 나라에서는 무상 급식을 시행해서, 아이들에게 1일 1식을 제공하고 있어요. 무상 급식은 제대로 된 식사를 할 형편이 안 되는 가정의 아동들이 배부른 하루를 보낼 수 있도록 해 줘요.
- 범아프리카 자선 단체인 캠페드(CAMFED, 여성 교육 캠페인)에서는 가나, 말라위, 탄자니아, 잠비아, 짐바브웨의 시골 지역에 사는 소녀들이 학교에 갈 수 있도록 했어요. 교복, 책, 등하교를 위한 자전거(대체로 학교가 멀리 떨어져 있으니까요.), 보조 도구가 없으면 공부할 수 없는 아이들에게는 안경과 보청기 등을 제공해요.

앞에서 말한 것은 일부 예시에 불과해요. 이보다 훨씬 많은 수의 사람들이 아이들이 학교에 갈 수 있도록 노력하고 있어요. 그리고 코로나-19가 전 세계의 수많은 아이의 학업을 방해하고 있는 지금, 변화를 불러오려는 단체를 지지할 필요가 있어요.

그런데 그다음에는요? 학생이 학교를 졸업한 뒤에는 어떻게 되나요?

학교를 떠난 뒤 일자리가 필요해요

학교는 좋아요. 하지만 교육의 끝에는 기회가 필요해요. 그렇죠? 그리고 이 부분에서도 많은 사람과 단체가 노력하고 있어요.

- 벌룬 라탐(Balloon Latam)이라는 사회적 기업을 운영하는 세바스티안 살리나스는 칠레, 아르헨티나, 멕시코의 사회적 약자들이 사업을 시작할 수 있도록 돕고 있어요.
- UN은 예멘의 외딴 지역에 거주하는 여성들을 훈련시켜 태양 에너지 그리드를 운영하는 사업을 시작하도록 돕고 있어요. 이 여성들은 가족을 도울 수 있을 뿐만 아니라, 외딴 지역에 전력을 공급할 수 있게 되죠.
- 런던을 기반으로 한 자선 단체 브레이킹 배리어스(Breaking Barriers)는 스웨덴의 가구 회사 이케아와 협업해 난민들이 일자리를 찾을 수 있도록 하고 있어요. 그들이 생활을 다시 꾸려 나갈 수 있도록요.
- 레일라 자나(안타깝게도 2020년 초에 암으로 세상을 떠났어요.)의 기업 사마소스에서는 케냐, 우간다, 인도의 극빈층 1만 명이 디지털 일자리를 찾을 수 있도록 도왔어요.

사람들이 기업은 죄다 나쁘다고 손가락질할 때 꺼낼 만한 카드죠? 모든 기업이 다 나쁜 건 아니에요. 만약 여러분이 회사를 차린다면, 분명 세상을 위해 좋은 일을 해낼 거라고 생각해요. 그렇지 않나요?

좋은 소식 속보!

뉴욕에 있는 27개의 대기업(기술, 미디어, 은행, 건강 산업 업체까지) 경영진이 2030년까지 10만 명의 저소득층 및 소수자 뉴욕 시민을 고용하기로 약속했어요.

평등한 대우를 위한 투쟁

지금까지 돈과 생활(건강과 교육 같은 기본적인 것을 포함)에 관한 불평등에 관해 이야기를 했어요. 하지만 앞에서 말했듯, 많은 사람에게 영향을 주는 또 다른 불평등이 있어요. 그것은 우리가 대우받는 방식과 관련이 있어요.

여러분은 아마도, 사람들이 서로 같은 대우를 받는 게 당연하다고 생각할 거예요. 다 같은 인간이니까요. 그렇죠?

하지만 현실은 그렇지 않아요.

어떤 사람은 성별 때문에 차별 대우를 받아요. 아니면 피부색이나 출신지 때문에요. 아니면 자신이 사랑하는 사람 때문에, 그것도 아니면 장애가 있기 때문에요. 그리고 차별 대우 때문에, 몇몇 기회의 문은 어떤 사람들에게는 완전히 닫혀 있어요. 완전히 닫힌 게 아니라면, 매우 매우 매우 열기 힘들거나요. 그러니까……. 네, 뭐, 닫힌 거나 마찬가지죠.

하지만 세상은 분명 달라지고 있어요. 조금씩 조금씩요. 그리고 그 조금을 합치면 많은 양이 되겠죠?

> **"진정한 변화, 지속하는 변화는
> 한 번에 한 발자국씩 일어납니다."**
>
> **루스 베이더 긴즈버그** | 2020년 사망한 미국 대법원 판사이자 여성 권익 운동가. 긴즈버그는 법적, 문화적, 그리고 페미니스트 아이콘이자 평등의 투사로서 기억되고 있어요.

성평등 운동

지난 수십 년간, 세계는 변화했어요.

- 더 많은 소녀들이 학교에 가게 되었어요.
- 어린 나이에 강제로 결혼하는 소녀의 수가 줄었어요.
- 더 많은 여성이 투표하고, 누가 규칙을 정하는지에 대한 발언권을 갖게 되었어요.
- 더 많은 여성이 정치와 기업의 지도자로 활동하고 있어요.
- 여성이 단지 여성이라는 이유로 나쁜 대우를 받지 않도록 하는 법이 늘었어요.

그리고 **성별 임금 격차**에 관해 이야기하는 사람들이 늘고 있어요. '성별 임금 격차'란, 일부 여성이 같은 일을 하는 남성보다 보수를 적게 받는 현상을 말해요.

믿기지 않죠? 알아요. 하지만 **실제로** 벌어지는 일이에요. 그리고 세계 여기저기에서 점점 더 많은 사람이 이에 관해 이야기하고 있어요. 어떤 기업들은 직원들이 봉급

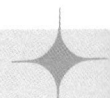

을 얼마나 받는지 사람들이 볼 수 있도록 공개하고 있어요. 문제를 해결하려면 일단 문제가 보여야 하니까요! 그리고 많은 나라에서 성별 임금 격차는 천천히 줄어들고 있답니다.

LGBTQ+(레즈비언, 게이, 양성애자, 트랜스젠더, 퀴어) 권리 운동

어떤 사람들은 여성을 사랑하는 여성이어서, 남성을 사랑하는 남성이어서, 아니면 여성이나 남성이라는 정해진 틀에 들어가지 않는다는 이유에서 차별받아요. 예를 들어, 영국에서는 게이나 퀴어(이성애자를 제외한 모든 성적 소수자를 이르는 말이에요.)를 정신병이나 매우 나쁜 것으로 여겼어요. 심지어는 그것 때문에 감옥에 가둘 수도 있었고요. 수학자 앨런 튜링은 제2차 세계 대전 때 암호를 해독해서 수백만 명의 목숨을 구했지만, 남성과 연인 관계였다는 이유로 유죄 판결을 받고 영국 비밀 정보부에서 쫓겨나 직장을 잃었어요. 어쩌면 **영웅**을 그렇게 대우했던 걸까요! 다행히도, 오늘날에는 세상이 많이 달라졌어요. LGBTQ+ 권리 운동 덕택이죠.

LGBTQ+ 운동가들은 모두가 평화로운 삶을 살 권리, 원하는 사람과 사랑하고 결혼할 권리, 그리고 자기 자신으로 살아갈 수 있는 권리를 위해 투쟁해 왔어요. 당연한 거 아니냐고요? 1967년까지 영국에서는 동성애자인 게 불법이었답니다. 그리고 잉글랜드와 웨일스에서는 남성 두 명이나 여성 두 명 간의 결혼은 2013년에나 가능해졌어요(스코틀랜드는 2014년에, 북아일랜드에서는 2020년에 합법화됐죠.). 그나마 대부분 국가보다는 나은 기록이에요. 많은 국가에서 동성애 관계는 불법인데, 사람들은 이를 바꾸기 위해 노력하고 있어요. 세상 곳곳의 운동가들의 노력 덕택에, 점점 더 많은 국가에서 결혼 평등(동성혼) 법률을 제정하고 있답니다.

1969년, 뉴욕 경찰이 게이 클럽을 급습하자 이에 대항한 스톤월 항쟁이 일어났어요. 오늘날 그것을 기념하기 위한 프라이드 축제가 세상 곳곳에서 이루어지고 있지요. 프라이드 축제에는 자기 자신으로 살아가는 것에 대한 기쁨이 넘쳐요. 무지개, 반짝이, 음악과 즐거움으로 가득하죠. 하지만 이게 다는 아니죠. 그 이면에는 매우 중요한 메시지가 담겨 있어요. 화합, 자신에 대한 수용, 그리고 평등을 향한 캠페인에 대한 헌신 말이죠.

좋은 소식 속보!

스코틀랜드의 모든 공립 학교에서는 LGBTQ+ 역사를 가르쳐요. 모두가 차별의 문제와 평등을 향한 투쟁을 이해하고, 가족의 형태는 다양하다는 것을 인식하며 자라날 수 있도록요. 나는 나고, 내가 사랑하는 사람은 내가 사랑하는 사람이에요. 그리고 우리는 모두 평등하게 대우받고 존중받을 자격이 있어요.

> 우리는 벽돌 한 장 한 장 정의를 향한 밝은 길을 함께 놓고 있습니다. 이것(커밍 아웃)이 나의 벽돌입니다.
>
> **팀 쿡** | 커밍아웃한 애플 사의 동성애자 CEO

흑인 권익 운동, 1950년대와 1960년대, 미국

오늘날, 전 세계 사람들이 인종 평등을 외치고 있어요. 이건 사실 꽤 놀라운 일이에요. 왜냐하면, 과거에는 강대국들이 어떤 사람의 생명은 다른 사람의 생명보다 더 귀중하다고 생각했거든요. 다른 인간을 소유하는 것이 괜찮다고도 했죠. **충격적**이지 않나요? 고작 200년 전의 세상은 그런 모습이었어요. 대서양 횡단 노예 무역 때문에, 1,200만 명 이상의 아프리카인이 아프리카에서 아메리카 대륙으로 옮겨졌어요(그중 많은 수는 영국 소유의 배에 실렸죠.). 위험천만한 여정에서 살아남은 사람들은 노예가 되어 힘겨운 노동을 하게 되었어요.

과거에는 교육받은 사람들도 이런 행위를 용인했으나, 이후로 많은 것이 바뀌었어요. 얼마나 다행인 일인가요? 일단 대서양의 노예 무역과 노예 제도가 폐지되었어요(영국에서는 1834년, 미국에서는 1865년이에요.). 그리고 오늘날에 이르러서 절대다수의 사람들은 노예 제도를 무슨 일이 있어도 용납할 수 없는 일이라고 생각해요. 하지만 해결해야 하는 과거의 찌꺼기 역시 아직 존재해요. 문화, 인종, 피부색에 따른 차별이 그중 하나예요.

1960년대, 미국의 흑인 시민권 운동가들은 인종 분리 제도를 폐지하기 위해 투쟁했어요. '인종 분리 제도'는 흑인이 다른 사람과 분리된 학교, 분리된 버스 좌석, 분리된 화장실을 이용할 것을 강요한 제도예요. 1963년에는 25만 명에 달하는 미국인이 워싱턴에서 행진에 참여해 인종 불평등에 항의했죠. 바로 이곳에서 마틴 루서 킹 주니어가 그 유명한 '나에게는 꿈이 있습니다'라는 연설을 했어요. 그 수만 명의 목소리는 변화를 불러왔어요. 1964년, '시민의 권리에 관한 법률'이 제정되어 인종, 피부색, 성별, 종교, 출신지에 따른 모든 차별을 금지했어요(엄청나게 당연하게 들리지만, 아무래도 상황을 뒤흔들려면 **법**이 필요한가 봐요.).

이건 모두 크나큰 발전이지만, 인종 차별주의를 완전히 없애지는 못했어요. 흑인들은 아직도 불공평한 대우를 받아요. 때로는 경찰에게도요.

블랙 라이브스 매터(Black Lives Matter, BLM) 운동

2013년, 미국의 배심원단이 17세 흑인 소년 트레이본 마틴이 '수상해 보인다'는 이유로 발포해 살해한 민간인을 무죄 방면했어요. 트레이본은 무기를 지니고 있지 않았고, 가게에서 사탕과 아이스티를 사서 집으로 돌아가는 길이었어요. 이 비극적인 죽음은 '흑인의 생명도 소중하다.'라는 뜻의 '블랙 라이브스 매터' 운동의 시발점이 되었어요. 트레이본은 민간인이 쏜 총에 맞아 죽었죠. 하지만 고작 1년 뒤, 18세 흑인 소년 마이클 브라운은 경찰이 쏜 총에 맞아 죽었어요.

2020년에는 비무장 상태였던 병원 직원 브레오나 테일러에게 같은 일이 일어났어요. 그리고 조지 플로이드라는 이름의 남자가 20달러짜리 위조지폐를 사용한 혐의로 경찰에게 제압당한 뒤 사망했을 때, 사람들은 마침내 한계에 도달했어요. 시위와 청원이 전 세계에서 발생했고, 블랙 라이브스 매터 운동은 다시 한 번 불타올랐어요.

세계적인 논의의 시작

비록 운동 자체는 미국에서 시작되었지만, 블랙 라이브스 매터는 세상 곳곳의 사람들에게 사회의 인종 차별을 상기시켜 줬어요. 점점 더 많은 사람이 인종 차별에 관해 이야기하고, 지적하고 있죠. 예를 들어, 흑인들이 직장이나 학교에서 차별받는 탓에 남들과 같은 기회를 누리지 못한다고요. 사람들의 인식이 개선되고, 운동의 규모는 점점 더 불어나고 있어요.

정말로 인상적인 것은, 이런 세계적인 논의는 우리가 당면한 문제들을 지적하는 데 그치는 게 아니라는 점이에요. 지금 오가는 논의는 이런 문제를 어떻게 해결할지 역시 다루고 있어요. 몇몇 기업도 나서서, 흑인 직원을 더 많이 고용할 것을 약속하거나, 자신의 사업을 시작하거나 학교나 대학에 다닐 수 있도록 지원금을 줬어요. 그 와중에 각지의 사람들은 '조력자'라는 개념을 논의하게 되었고요.

보세요. 해결하세요. 조력자가 되세요

인종 차별은 아직도 크나큰 문제예요. 어쩌면 여러분 본인도 인종 차별을 겪어 봤는지도 몰라요. 아니면 주변에서 인종 차별이 벌어지는 모습을 목격하고 불편한 감정을 느꼈는지도 모르죠. 인종 차별을 목격한다면 무엇을 할 수 있을지 궁금할 수도 있을 거예요. 여러분은 **조력자**가 될 수 있어요. 진실한 지지자 말이죠.

조력자가 되는 것은 시위나 청원, 편지를 쓰는 것이 전부가 아니에요. 그것은 또한 다음과 같은 일을 하는 거예요.

- **공부하세요.** 지금 세상에 무슨 일이 일어나고 있는지(그리고 어째서 일어나고 있는지)를 공부하고, 이에 대한 인식을 높이세요. 사회 운동을 도울 방법을 알아보세요. 나 자신의 행동도 점검하세요.

- **귀를 기울이세요.** 부당한 대우를 받는 사람들이 내는 목소리에요.

- **살피세요.** 인종 차별 때문에 힘들어하는 친구들을요. 친구들이 괜찮은지 확인하세요(하지만 그들이 속마음을 털어놓으리라 기대하지는 마세요. 너무 힘들어서 아무 말도 하고 싶지 않을 수도 있으니까요. 그저 함께 있어 주는 게 중요해요.).

- **편을 들어 주세요.** 그리고 인종 차별을 목격할 때마다 지적하세요.

- **기리세요.** 잊히기 일쑤인 흑인의 업적을요. 많은 사람이 상용 전구 개발이 토머스 에디슨의 업적이라는 걸 알고 있지만, 흑인 발명가 **루이스 래티머**가 그 전구에 사용되는 탄소 필라멘트를 발명했다는 것을 알고 있나요? **제리 로슨**이라는 흑인 기술자가 닌텐도 같은 게임 콘솔이 작동하도록 하는 최초의 비디오 게임 카트리지를 발명했다는 사실은요? 플로렌스 나이팅게일이 역사상 최고로 유명한 간호사라고 생각하는 사람은 많지만, **메리 시콜**에 대해서는 들어 봤나요?

세상에는 영웅과 롤 모델이 더 많이 필요해요. 이런 사람들은 분명 존재하지만, 충분히 주목받지 못할 때가 많아요. 이들의 이름을 큰 목소리로 외쳐야 해요.

> 이 책에서는 블랙 라이브스 매터 운동을 예로 들었어요. 하지만 여러분은 차별받는 모든 사람 또는 집단의 조력자가 될 수 있어요. 그들이 차별받는 이유가 출신지, 사랑하는 사람, 종교, 장애, 아니면 사회가 마련해 놓은 다른 기준에 들어맞지 않기 때문인지는 상관없어요. 여러분은 사람들을 살피고, 차별에 대한 인식을 높일 수 있어요. 그리고 앞에서 말한 것과 같은 배경의 소유자들이 이루어낸 성과를 공부하고, 그들의 업적을 기리고, 이야기를 퍼뜨릴 수 있어요. 인간은 누구나 훌륭한 것을 이루어낼 수 있음을 사람들이 알 수 있도록요.

격차 좁히기와 좋은 소식 주목하기

불평등은 정말 어려운 사안이에요. 우리가 앞으로 해결해 나가야 할 소득과 생활, 대우, 기회의 격차는 **어마어마하게** 커요. 불평등에 관한 이야기가 뉴스에 워낙 자주 등장하니, 어쩌면 여러분은 희망을 품을 만한 이유가 별로 없다고 느낄 수도 있어요. 하지만 우리는 분명 발전을 이루어 왔어요.

다만 발전이란 아주 오랜 시간이 걸리거나 점진적으로 이루어지는 경향이 있어서, 아주 제대로 들여다보지 않으면 포착하기가 힘들 수도 있을 뿐이죠. 하지만 이런 이야기는 중요해요. 그리고 매우 훌륭한 사람들이 오늘날 우리가 누리고 있는 것들을 위해 엄청나게 노력해 왔고, 그들의 노력은 **여전히** 현재 진행형이에요. 이 사람들이 쟁취하기 위해 투쟁해 온 변화는 수백만 명의 사람들의 삶을 통째로 바꿔 놓았어요.

더 속도를 낼 수는 없냐고요? 그럴 수 있다면 얼마나 좋을까요.

하지만 첫 번째 단계는 좋은 일을 인정하는 거예요. 세상에는 모든 종류의 차별에 대한 인식을 높이려는, 그리고 비판하려는 목소리가 커요. 인간의 목소리가 한곳에 모였을 때마다 위대한 변화가 일어나곤 했어요.
또 다시 세계를 바꾸지 못할 이유가 무엇인가요?

우리가 이루어야 할 목표

- 극심한 빈곤 근절을 위해 더 큰 노력을 기울여야 해요.
- 세계 **모든** 아동이 학교에 다닐 수 있도록 마지막까지 분투해야 해요.
- 성별 임금 격차를 없애야 해요.
- 사실, **모든** 임금 격차는 사라져야 해요. 같은 일을 하는 사람이라면 누구나 같은 임금을 받는 게 당연하니까요.
- 성 불평등, 인종 차별, LGBTQ+ 권리, 장애인 권리 같은 이슈에 대한 인식을 높여야 해요.
- **덧붙이자면**, 그 누구든 성별, 피부색, 출신지, 사랑하는 사람, 정체성, 장애로 차별받지 않도록 해야 해요.
- 세상과 세상에 존재하는 기회들이 모두에게 공평하게 주어지도록 해야 해요.

목표를 이루기 위해 여러분이 할 수 있는 일

공부하세요: 세상에서 어떤 일이 일어나고 있는지 파악하세요. 여러분 주위에서 불평등한 일이 일어나고 있지는 않은지 살피세요. 역사를 공부해서, 어째서 우리가 지금과 같은 세상에서 살고 있는지 배우세요. 여러분 주변에서 어떤 사회 운동이 일어나고 있는지 알아보세요.

대화하세요: 조력자가 되세요. 주변 사람들과 무엇이 공평하고 무엇이 공평하지 않은지에 대해 이야기하세요. 어떤 사람들은 남들보다 훨씬 고달픈 출발선에 서 있다는 것, 그리고 그것이 그 사람의 삶 전체에 어떤 영향을 미치는지에 대해 대화를 나누세요. 여러분 주변에는 이런 일이 일어나고 있는 것을 아예 눈치채지 못하는 사람이 있을 수도 있어요. 자신의 삶이나 주변 사람들의 삶에 이런 일이 일어나지 않았기 때문에 그런 것일 수도 있어요. 하지만 모든 사람이 이런 일이 일어나고 있음을 알아야 해요. 알아야만 해결할 수 있으니까요.

목소리를 내세요: 누군가가 나쁘게 대우받는 것을 본다면, 지적하고 어째서 그래서는 안 되는지 이야기하세요. 관심이 있는 사안을 지지하기 위해 시위에 참여하거나, 더 많은 기여를 할 수 있다고 여겨지는 기업이나 정치인 들에게 편지를 쓰세요.

변화를 불러오세요: 어쩌면 여러분은 남들 곁에서 힘이 되어 줄 수 있을지도 몰라요. 아니면 가진 것을 기부하거나(가능하다면요.), 중요하다고 생각하는 사안을 위해 모금 활동을 할 수도 있어요. 여러분은 어쩌면 미래에 큰 기부자가 되어서, 세상의 불평등을 줄이기 위해 많은 돈을 기부할 수도 있을 거예요. 아니면 기업을 설립해서, 일자리를 구하기 힘든 사람들에게 기회를 주거나요. 그것도 아니면 사람들을 빈곤에서 벗어나게 하거나, 아이들을 학교에 다니게 돕거나, 모두가 평등한 대우를 받도록 하는 프로젝트에 참여할지도 모르고요. 만약 그렇게 된다면, 얼마나 좋을까요? **정말 끝내주게 좋겠죠.**

제 6 장

좋은 예술

여러분의 기분을 끌어올리는

발레부터 발리우드, 가상 갤러리, 낙서까지

흠. 문화 예술이라……. 사실 저는 이 주제에 특히 애착이 있어요. 저 자신이 작가, 즉 예술가이기 때문이에요. 이건 제 영역이에요. 여러분은 어쩌면 "문화 예술은 개판이 되었다."라는 식의 이야기를 들어 봤을지도 모르겠어요. 저는 사실 그게 대체 무슨 뜻인지 잘 이해가 안 돼요. 전 개를 좋아하거든요. 하지만, 일단 사람들 말로는 나쁜 표현이래요. 모든 게 망해 가고 있다는 뜻이래요.

> 흠.
> 제가 느끼기로는 전혀 아니에요.

문화와 예술은 이전의 그 어느 때보다 흥미롭고, 다양하고, 높은 접근성을 자랑해요. 그리고 우리는 그 어느 때보다 더더욱 문화 예술이 필요하고요. 인간은 언제나 문화와 예술을 중요하게 여겨 왔어요. 최초의 인간들이 석간주(붉은 흙)와 숯으로 그림을 그릴 수 있다는 것을 발견했을 때부터, 언어가 발달해서 이야기를 만들어 낼 수 있게 된 순간부터요.

> **진짜 이야기:**
> "이봐, 네 뒤에 검치호가 있어!"

> **그리고 꾸며 낸 이야기:**
> "내가 꿈을 꿨는데 말이야."

모든 건 여기에서 시작된 거예요. 인간은 음악을 만들었어요. 노래를 불렀어요. 다양한 스타일의 옷을 만들었어요. 보물을 수집하기도 했고요(역사적으로 보물 수집이란 도둑질에 불과했지만, 그 문제는 다음 기회에 다루어 보도록 할게요!). 공동체가 생겨나면서, 우리는 이야기와 의식과 신념과 그와 관련된 다른 것을 만들어 냈어요. 그리고 여행할 때 그런 것들을 여행지의 사람들과 공유했고요. 그리고 어떤 집단이 다른 집단의 땅을 빼앗았을 때, 몇몇 요소가 다른 문화와 섞이기도 했어요. 어떤 예술은 아주 힘든 시기에 생겨나기도 했어요. 주어진 상황을 이해하고, 기록하고, 사람들에게 힘을 주기 위해서요. 오늘날에는 세계가 긴밀하게 연결되어 있기에 그런 모든 예술을 보고, 누리고, 배울 수 있죠.

잘 생각해 보면,
엄청나게
놀라운 일이에요.

하지만 모든 게 순탄하지는 않아요. 어떤 사람들은 예술과 문화가 엘리트주의적이라거나 고상한 척하는 사람들을 위한 것이지, 모두를 위한 것이 아니라고 말해요. 그리고 또 다른 문제는 문화 예술에 대한 지원인데, 문화 예술은 예산을 짤 때 우선순위가 낮은 경향이 있거든요. 충분히 이해할 수 있는 부분이에요. 비록 제가 문화 예술을 사랑하기는 하지만, 어마어마한 환경, 건강, 교육, 평등 문제가 있는 나라에 산다면……. 아무래도 그런 곳에 돈을 쏟아부을 수밖에 없으니까요.

코로나-19 사태가 터진 뒤, 예술 장소(공연장이나 전시장 등)와 예술가들이 상당히 곤란해졌어요. 사람들이 이전만큼 이런 데 돈을 쓰지 않게 됐거든요. 그중 다수는 회복하는 데 오랜 시간이 걸릴 테고요. 사실, 많은 예술가는 어려움을 겪기 마련이에요. 여러분은 '예술가'라고 했을 때 윌 스미스, 크리스 에반스, 제프 키니('윔피키드' 시리즈로 유명하죠!)를 떠올릴지 몰라요. 하지만, 그런 유명인 한 명당, 생활비를 감당하는 것조차 힘든 신예 예술가 수백만 명이 존재해요. 모든 분야의 예술가에게 해당하는 이야기고요. 연기자, 무용수, 음악가, 작가까지요. 그러니까 온통 반짝반짝 행복하기만 한 바닥은 아니란 소리죠.

하지만……. 이제 제6장까지 왔으니, 제가 무슨 소리를 할지 알겠죠?

이 책은 희망에 집중하고 있어요. 세상에 일어나고 있는 좋은 일들에요.

일단 이걸로 시작하죠. **예술은 언제나 살아남았어요.**

바로 앞에서, 예술은 예산을 짤 때 우선순위가 낮은 경향이 있고, 많은 예술가가 생활에 어려움을 겪는다고 했죠. 그건 전부 사실이에요. 하지만 예술은 여전히 우리 곁에 있어요. 예술은 끔찍한 불경기에도 살아남았어요. 나치 하의 독일에서는 책을 불태우고 몇 종류의 예술은 금지되기도 했지만, 끝내 살아남았어요. 예술을 살려 낸 사람들이 있었거든요. 비밀스럽게요. 예술은 **전쟁**마저 이겨 냈어요. 어떻게 생각해요? 어쩌면 예술의 생존력은 예술의 '인간다움', 우리가 느끼는 예술의 중요성 때문인지도 몰라요. 오래전 인간들이 동굴 벽에 그림을 그리고 이야기를 꾸며 낸 걸 생각해 보세요. 우리는 그냥 그런 존재인 기예요. 그렇죠? 이야기와 음악, 춤과 미술이 없는 세상을 상상할 수 있나요? 솔직히 말하면, 전 도저히 상상이 안 가요. 그러니 예술이 살아남은 것도 당연하죠. 우리는 예술이 **필요**해요.

그리고, 예술은 그저 살아남은 게 아니에요. 많은 의미에서, 예술은 **번창**하고 있어요.

우리는 전례 없이 많은 선택지를 누리고 있어요

영화가 호황이에요. 할리우드뿐만 아니라, 중국의 영화업계나 인도의 발리우드 같은 곳 말이죠. 나이지리아의 '날리우드'가 연간 1,000편 이상의 영화를 만들어 내고 있다는 사실을 알고 있나요? 우리는 이전의 그 어떤 시기보다도 더 많은 돈과 시간을 영화와 드라마에 쏟아붓고 있어요. 특히 온라인 스트리밍 사이트에서요.

음악이 호황이에요. 이전보다 훨씬 많은 음악이 출시되고 있어요. 1960년에 비하면 7배에 달하는 음악이 세상 곳곳에서 발표되고 있죠. 모든 종류의 음악이요. 선택지가 놀랍도록 다양해요.

게임이 호황이에요. 국제 게임 산업은 음악과 영화 산업을 합친 것보다도 크답니다. 전 세계 인구의 $\frac{1}{3}$ 정도가 비디오 게임을 즐겨요. 그리고 오늘날의 게임은 매우 다양한 사람들을 끌어모으죠. 일본의 모리 하마코 씨에 대해 들어 본 적 있나요? '게이머 할머니'로 알려진 모리 씨는 1930년에 태어나서 1981년에 난생처음 게임을 해 봤대요. 그 순간 게임에 푹 빠진 모리 씨는 90살이 될 무렵에는 대단한 유튜브 스타가 되었고, 그의 게임 채널은 수십만 명의 구독자를 자랑한답니다.

책이 호황이에요. 우리가 고를 수 있는 선택지가 놀랄 정도로 다양해요. 만화, 그래픽 노블, 시, 소설, 비소설까지요. 누구의 취향이든 맞춰 줄 수 있어요. 이제는 심지어 전자책이나 오디오 북 같은 것이 있어서, 실물 책을 읽기 어렵거나 둘 공간이 없는 사람들의 독서(어느 쪽이든 독서가 맞아요!)에 대한 접근성을 높여 주죠.

엔터테인먼트 업계의 몇몇 분야(영화관이나 음악 공연 등요.)는 코로나-19 사태 때문에 피해를 봤어요. 하지만 전문가들은 이 분야들이 결국 되살아날 것이라고 해요. 인간은 영화와 음악을 사랑하니까요. 그리고 필요로 하니까요.

불법 다운로드에 대해 잠깐 말해 볼게요. 여러분은 어쩌면 영화나 책 등을 인터넷에서 공짜로 얻을 수 있을지도 몰라요. '공짜 최고!'라고 생각할 수도 있겠죠. 하지만 기억해야 할 것은, 누군가는 그 '공짜' 게임과 '공짜' 영화를 만들어야 했고, 여러분이 그것을 불법으로 다운로드하면 그들은 마땅히 받아야 할 돈을 받지 못하게 된다는 거예요. 불공평한 일이죠. 불법 다운로드, 하지 마세요. 전혀 멋있지 않아요.

그리고 이 모든 문화와 예술은 전례 없이 접근성이 높아졌어요

이전에는 (그리고 어쩌면 지금도) 문화 예술은 부유한 사람들을 위한 것이라는 인식이 있어요. 그냥 '**문화**'와 '**예술**'이라는 명칭만 봐도요. 특정한 인상을 주지 않나요? 여러분은 이 명칭을 보면 무엇이 떠오르나요? 화려한 발레 공연, 콘서트, 연극? 커다랗고 위압감을 주는 미술관에 걸린 값비싼 그림?

예전에는, 이런 것에 접근하기 위해 상당한 돈을 써야 했어요. 그리고 어쩌면, 특정한 사람만이 그 세계에 들어갈 수 있다고 느꼈을 수도 있고요. 하지만 이것도 **바뀌고** 있어요.

> 사실, 우리는 문화 예술을 자기 집 소파에
> 앉은 채로도 즐길 수 있답니다!

구글 아트 앤드 컬처는 세상 곳곳의 박물관과 미술관과 문화적 명소에 방문할 수 있게 해 줘요. 여행과 역사에 관한 프로그램과 수많은 콘서트, 연극, 코미디가 텔레비전을 통해 상영되고 있고요.

사실 역사적으로, 어떤 문화 예술은 매우 저렴하거나 아예 공짜로 제공되기도 했어요. 많은 국가에서는 무료로, 혹은 매우 싼 값에 박물관과 미술관 관람권을 팔고 있죠. 또 많은 국가에서는 무료 도서관 서비스를 제공하고요. 몇몇 나라에서는 이런 무료 문화 예술(특히 도서관)이 사라질 위기에 처해 있지만(영국을 포함해서요.), 이런 게 있는 곳에서 생겨날 변화를 상상해 보세요. 무료 문화 예술은 불평등과 싸우는 데도 도움이 돼요. 모두가 세상에 대해 배우고, 탐험할 수 있으니까요. 모두가요.

모두를 위한 예술

장애가 있는 사람들에게 더 접근성 좋은 세상을 만들기 위한 사회 운동이 크게 벌어지고 있어요. 그 기저에는 사람들이 질환 때문에 어려움을 겪는 게 아니라, 사회의 수많은 장벽과 태도 때문에 어려움을 겪는다는 발상이 있죠. 그러니 그 부분을 바꾸는 데 집중해야 해요. 예를 들어, 많은 예술 장소에서는 그곳이 장애인에게 더 즐겁고 환영받는 장소가 될 수 있도록 노력하고 있어요. 모든 장애가 겉으로 드러나는 건 아니에요. 어떤 장애는 눈에 보이지 않을 수도 있어요. 눈앞의 사람이 겪고 있는 문제가 무엇인지 정확히 알 방법이 없을 수도 있고요. 그러니 우리 모두 편하게 사용할 수 있는 환경을 디자인하는 게 더 간편하고, 더 친절한 방법이죠.

장애인 인권 운동가 빅터 피네다는 말해요. 우리 자신에게 언제나 "이 장소의 접근성을 높이기 위해 어떻게 해야 하는가? 이 장소를 방문하는 사람들이 더 환영받는 기분이 들게 하려면 어떤 일을 해야 하는가?"라는 질문을 던져야 한다고요. 예술의 경우에는 그 질문에 대한 답이 확고해요. 그 답은 바로 "그야 많은 일을 해야 한다!"죠. 영화에 자막과 수화를 추가한다든가, 오디오 가이드와 점자 가이드를 제공하는 것, 박물관과 미술관에 엘리베이터와 장애인 화장실을 만드는 것, 그리고 모두가 예술 장소에 쉽게 접근할 수 있도록 하는 식으로요. 또한, 모든 사람이 볼 수 있는 수준의 전시회를 여는 것, 조용한 공간과 조용한 관람 시간대가 필요한 사람들에게 그것을 제공하는 것도 있어요. 이런 변화는 점점 더 눈에 띄어요. 언젠가는 어딜 가나 이런 배려가 규범이 되겠죠.

> "우리는 모든 것을 장애를
> 가진 모든 사람이 접근 가능하도록
> 만들어야 합니다."
>
> 스티비 원더 | 음악가, 싱어송라이터, 시민권 운동가

만질 수 있는 예술

몇몇 예술가, 기업, 그리고 자선 단체에서는 촉각 미술 작품과 그림 '책'을 만들어요. 촉감을 통해서 즐길 수 있는 예술 작품 말이에요. 점자의 개발을 통해 시각 장애인들이 글을 읽을 수 있게 되었듯, 모두가 촉각 미술을 통해 사진과 그림을 감상할 수 있게 된 거예요. 제1장에서 했던 말 기억나나요? 친절과 공감이 창의력과 만났을 때, 우리 인류는 서로를 돕기 위해 정말 아름다운 것들을 만들어 낼 수 있다고요.

좋은 소식 속보! 헝가리의 한 오케스트라는 청각 장애인들이 베토벤의 음악을 감상할 수 있도록 해 줘요. 악기 자체, 아니면 악기의 진동을 잡아내는 풍선을 만지도록 하거나, 특수한 보청기를 활용해서요.

도전! 여러분이라면 예술의 접근성을 어떻게 높이겠어요? 떠오르는 아이디어가 있나요? 어떻게 하면 모두에게(누구든, 어디에서 왔든, 어디에 살든, 돈이 얼마나 많든 적든, 장애가 있든 없든 관계없이) 예술이 전달될 수 있을까요? 왜냐하면 예술은 우리 모두를 위한 것이니까요.

예술은 전례 없이 많은 사람을 포함하고 있어요

예술은 더는 특별한 소수를 위한 게 아니에요. 우아한 시나 그림뿐만 아니라, 강렬한 구어와 랩도 '예술'에 해당하죠. 제이슨 레이놀즈나 마가리타 엥글 같은 사람들이 만드는 단순하지만 기발한 운문 소설도, 뱅크시나 카우스(KAWS) 같은 사람들의 그라피티도 전부 예술이에요. 길거리 예술이 수십억 원에 팔릴 거라고 누가 상상이나 했겠어요?

하지만 잠깐 기다려 보세요. 누구나 예술을 할 **형편**이 되는 건 아니에요. 앞에서 말했듯, 이런 직종은 (아주 멋지기는 하지만) 돈이 별로 안 돼요. 많은 예술가는 행운이 찾아오기를 기다리거나, 아주 적은 급여를 받고 일하고 있어요. 그래서 예술계에서 때때로 부유한 사람들이 눈에 띄는 거예요. 사랑하는 일을 할 여유가 되니까요. 이건 큰 문제예요. 재능 있는 예술가라면 누구나 원하는 예술 작품을 만들 수 있어야 하고, 돈이 장벽이 되어서는 안 돼요. 영국의 문화 예술 위원회나 미국의 국립 예술 기금 위원회 같은 단체에서 형편이 어려운 예술가들이 돈이라는 장벽을 넘어설 수 있도록 돕는 이유죠.

몇몇 미술관은 평소에는 눈에 잘 띄지 않는 미술가들을 조명하려 특히 노력을 기울이고 있어요. 뉴욕시의 근대 미술관(MoMA)처럼요. 근대 미술관은 피카소와 반 고흐 같은 고전 작품과 여성, 아시아인, 라틴계, 흑인 작가들의 작품을 함께 전시하고 있죠.

여러분이 춤을 배우고 싶다고 생각을 해 봐요. 물론 발레도 눈에 띄겠지만, 발리우드, 방그라, 힙합, 살사도 있을 거예요. 음악을 좋아한다면 **전 세계**의 음악을 들을 수 있죠. 자메이카의 레게, 라틴 음악, 록, 아랍 음악과 한국의 케이팝까지요.

우리는 세상 곳곳의 이야기, 패션, 음식을 즐기고 있어요. 식당(아니면 팝업 스토어, 길거리 포장마차, 푸드 트럭)에서뿐만 아니라 요리책, 텔레비전의 요리 방송, 유튜브 영상에서도 세계의 음식을 찾아볼 수 있죠!

이 현상이 놀라운 이유 중 하나는, 세계가 조금씩 가까워지고 있다는 점이에요. 우리는 다양한 문화에 대해 더 배우고, 즐기며, 삶을 더 풍요롭게 만들어 나갈 수 있게 되었어요.

예술은 우리에게 희망을 줍니다

우울할 때, 아니면 스트레스를 받을 때, 음악, 좋은 책이나 영화는 기분을 훨씬 낫게 해 줘요. 희망이 생겨나죠. 어떤 사람들은 춤을 출 때 그렇다고 해요. 아니면 그림을 그리거나, 단순히 색칠할 때도요. 무엇이 도움이 되는지는 사람마다 다르지만, 예술은 우리에게 큰 위로가 됩니다. 난민 캠프의 생기 넘치는 벽화나 병원의 평화로운 미술 작품들처럼요. 어떤 예술가는 심지어 MRI 기계와 진료실 전체에 흥미로운 그림을 잔뜩 그려서, 아주 어린 아이들이 뇌 스캔을 할 때 가만히 누워 있도록 돕기도 했죠.

예술 치료

예술 치료에 대해 들어 본 적이 있나요? 점점 더 각광을 받고 있는 분야인데요. 전문가들이 낙서, 색칠, 그림 그리기, 조각, 춤이나 음악 같은 것을 활용해, 사람들이 안전한 환경에서 자아와 감정을 발산할 수 있도록 해 줘요. 언제나 모두에게 도움이 되는 건 아니지만, 몇몇 똑똑한 사람들이 이 분야가 어떤 변화를 불러올 수 있는지, 스트레스를 낮출 수 있는지, 사람들이 마음을 터놓고 힘든 감정을 다루고, 정신 건강을 개선할 수 있게 돕는지 연구하고 있어요.

> "내가 아는 유일한 사실은 이것입니다. 나는 그림을 필요가 있기 때문에 그림을 그린다는 것이죠"
>
> 프리다 칼로 | 멕시코의 화가

좋은 소식 속보!

2019년의 일이에요. 당시 열 살이던 첼시 페어가 미술 도구를 모아 병원, 위탁 가정, 노숙자 쉼터에 있는 아이들에게 미술 도구 세트를 기부하기 시작했어요. '첼시의 자선 단체'에서는 지금까지 2,500개 이상의 미술 도구 세트를 기부했다고 하네요.

예술에는 또한 사람들을 한곳에 모으는 효과가 있어요. 세상 곳곳의 사람들이 같은 리듬에 맞춰 춤을 추는 것을 상상해 보세요. 함께 노래하고, 같은 감정을 느끼는 것을요. 아니면 영화나 공연에 대해 수다를 떨면서, 그때 그 장면이 얼마나 멋있었는지 이야기하는 모습을요.

예술은 사람들이 입을 열게 해요.

중요한 사안에 대해서도요.

사회적 불평등에 맞서기

예술은 거울과 같아서, 당시 사회에서 일어나고 있는 일을 비추곤 해요. 어떻게 보면, 역사의 한 조각인 거죠. 그리고 어떤 예술은 여러분이 고민하도록 유도해요. 중요한 사안에 대한 인식을 높이기도 하고요. 좋은 예로, 중동의 시위와 내전에 대한 인식을 높이는 레바논계 미국인 예술가 헬렌 주가비브의 작품이 있죠. 브라질의 그라피티 작가 에두아르두 코브라가 2016년 리우 올림픽을 위해 그린 **초대형** 벽화 '에트니아스(포르투갈어로 '민족'이라는 뜻이에요.)'도 있고요. 기린 세 마리를 합친 것과 같은 높이의 이 벽화는 다섯 대륙의 다섯 원주민 부족을 나타내고 있어요(올림픽의 오륜에서 영감을 얻었대요.). 코브라는 "우리는 함께이며, 모든 사람은 연결되어 있다."라는 메시지를 전달하기 위해 이 벽화를 만들었다고 말해요.

음악 역시 일종의 사회 운동이 될 수 있어요. 어떤 노래는 노숙자, 가난, 인종 차별, 질병, 그리고 전쟁에 대한 인식을 높이기 위해 쓰여요. 그런 목적의 책, 연극, 영화, 심지어는 무용도 있고요. 역사적으로, 지도자들이 자신의 마음에 들지 않는 메시지를 담은 예술을 통제하고 금지하려고 했던 이유이기도 해요. 예술은 강력해요. 그리고 인터넷이 있고 장거리 여행을 할 수 있는 오늘날에는 엄청나게 빠른 속도로 엄청나게 많은 사람들에게 닿을 수 있죠.

도전! 여러분은 하고 싶은 말을 예술로 표현해 보세요. 관심 있는 사안에 대해 그림을 그리거나, 시나 노래를 쓰거나, 조각을 만들어 보세요. 그 사안에 대한 의식을 높이기 위해서, 그냥 여러분 자신을 위해서, 여러분의 감정을 표현하기 위해서요.

"세상에 무엇을 하러 왔느냐고
내게 묻는다면, 예술가인 나는 이렇게
답할 것입니다. 나는 소리 내어 살기 위해
이 세상에 태어났습니다."

에밀 졸라 | 작가, 정치 운동가

오늘날 우리는 모두 예술가예요

유튜브를 비롯한 소셜 미디어(SNS) 플랫폼이 세상을 바꿔 놓았어요. 이제 누구나 노래하고, 춤추고, 악기를 연주하고, 외국어를 하고, 코딩하고, 요리하고, 그림 그리는 법을 배울 수 있죠. 사실상 우리가 원하는 것은 무엇이든 배울 수 있게 되었어요. 그리고 이 새로운 세상에서는 소도시의 스타도 빛날 기회를 얻을 수 있어요. 누구나 시인, 가수, 무용수, 연기자, 요리사, 아니면 활동가가 될 수 있죠. 하지만 예술이 명성을 얻기 위한 것만은 아니에요. 예술을 통해 무엇을 느끼는지도 역시 중요해요. 예술은 '나'를 표현하거나, '나'를 알아 가는 방식이기도 하니까요. 그리고 남들과 유대를 쌓는 방법이기도 하고요.

우리는 예술을 새롭게 정의했어요. 예술은 이제 상류층만을 위한 게 아니에요. 온갖 종류의, 세상 곳곳의 예술가를 포함하고 있어요. 신나는 일이 아닌가요? 예술이 돈 문제로 어려움을 겪는 것도 사실이에요. 역사적으로 이런 문제는 언제나 있어 왔고요. 새로울 건 없어요. 하지만 예술은 언제나 살아남았어요. 그럴 가치가 있으니까요. 그리고 앞으로도 살아남을 거예요. 그러기 위해 우리는 할 수 있는 모든 일을 할 테고요.

우리가 이루어야 할 목표

- 형편이 어려운 예술가를 포함해, 예술 전반에 더 많은 금전적인 지원이 이루어져야 해요. 누구나 자신의 예술적인 가능성을 실현할 수 있어야 하며, 돈이 걸림돌이 되어서는 안 돼요.
- 모두가(장애인을 포함하여) 예술에 접근할 수 있도록 더 많은 개선이 이루어져야 해요.
- 문화 예술에는 가치가 있다는 것, 그리고 변화를 불러올 수 있다는 점에 대한 인식이 높아져야 해요.
- 불평등을 알리고, 힘든 사람들을 격려하고, 희망과 위안을 주고, 자기 자신을 표현할 안전한 공간을 제공하는 문화 예술의 역할을 더 조명해야 해요.

목표를 이루기 위해 여러분이 할 수 있는 일

공부하세요: 여러분 지역 도서관이나 중고 서점에 가서 다양한 예술 운동과 예술가에 대해 찾아보세요. 어쩌면 이전에는 알지 못했던 예술가를 발견하고, 그들의 스타일을 따라 해 볼 수도 있을 거예요. 앙리 마티스처럼 콜라주를 만든다든가, 조르주 쇠라처럼 손자국으로 그림을 그린다든가요. 영감을 얻고, 여러분의 가능성을 확장하고, 호기심을 가지고, 책을 많이 읽으세요. 이 책을 읽는 여러분은 이미 시작한 셈이네요!

대화하세요: 예술 장소가 문을 닫는다든가, 예술가들이 돈이나 지원금이 부족해서 어려움을 겪는다는 이야기를 들으면, 사람들의 인식을 높이는 데 도움이 되어 주세요. 사랑과 지원 없이는 어쩌면 아주 유명한 사람들만 살아남게 될지도 몰라요. 그건 아주 슬픈 일이잖아요. 여러분이 이야기를 퍼뜨리면, 더 많은 사람들이 가난한 예술가를 지원하게 될지도 몰라요.

목소리를 내세요: 더 많은 사람이 예술에 접근할 수 있도록 하는 방법이 떠오른다면, 목소리를 내세요. 어쩌면 여러분이 방문한 박물관이 계단

과 인파와 시각 장애인들은 읽을 수 없는 깨알 같은 글자로 가득할지도 모르죠. 박물관에 연락을 취하세요! 그리고 어떤 장소가 지금보다 더 포용적이어야 한다고 느낄 때도 있을 거예요. 그곳에서 특정한 예술만 전시하거나, 여러 사람과 문화가 간과되고 있지는 않나요? 다른 사람들의 지지를 끌어오기 위해 여러분이 할 수 있는 일은 없을까요?

변화를 불러오세요: 사람들이 잘 모르는 예술가와 창작자, 예술 장소를 후원하세요. 이런 이들은 가능한 한 많은 도움이 필요하답니다. 가능하다면 모금 활동을 통해 도움을 주세요. 작품이 마음에 들면, 작가에게 그렇다고 말해주는 걸 잊지 말고요(작가에게는 **엄청나게** 중요한 일이에요! 제 말을 믿으세요.). 다른 사람들에게 좋아하는 작품에 관해 이야기해서, 그들도 그 작품을 찾아보거나 공연을 보러 갈 수 있도록 하세요. 박물관과 미술관을 방문하는 것, 책을 사는 것, 연극을 보는 것, 멋진 후기를 쓰는 것, 이 모든 것이 도움이 돼요. 언젠가는 여러분도 예술계에 큰 기부를 할 수 있을지도 몰라요. 미래에 예술 장소를 경영하게 될 수도 있고요(여러분이라면 그곳이 접근성 좋고 포용적일 수 있도록, 할 수 있는 모든 일을 다 하겠죠?). 어쩌면 여러분 본인이 예술가가 **될지도** 모르죠! 어쩌면 이미 예술가일지도 모르고요. 그리고 어쩌면, 아주 어쩌면, 예술을 통해 세상을 바꿔 놓을지도 몰라요.

이다음에는요?

좋았어요.

휘리릭 짧게나마 세계 일주를 하니 어땠나요?

그리고 더 중요한 것은…… 이 모든 것에 대해 어떤 기분이 드나요?

희망에 찬 기분이기를 바라요.

뉴스는 슬프고 무서운 소식으로 가득 차 있기에, 세상이 실제보다 훨씬 더 나쁜 곳처럼 보이게 해요. 하지만 이제 어째서인지 알죠? 나쁜 소식은 흥미롭고, 사람들의 시선을 잡아끌잖아요. 나쁜 소식은 잘 팔려요. 그뿐만이 아니에요. 우리는 **가짜 뉴스**와도 다퉈야 해요. 가짜 뉴스는 사방에 널려 있고, 순식간에 세상 한 바퀴를 돌 수 있어요. 하지만 이제 여러분은 어떻게 가짜 뉴스를 판별하는지 알잖아요, 그렇죠? 필요한 모든 능력을 갖추고 있으니까요. 여러분의 직감은 물론이고요.

더불어, 우리는 사실들을 알고 있고 더 많은 사실들을 어디에서 찾을 수 있는지도 알고 있어요. 그런 사실들을 통해 우리는 알 수 있어요. 세상에는 분명 많은 보수 공사가 필요하지만, 인류는 이미 상당히 많은 발전을 이루었다는 것을요. 나쁜 소식들이 활개를 칠 때는 이런 부분을 놓치기 쉬워요. 하지만 여러분이라면 그런 것에 속아 넘어가지 않을 거예요. 왜냐하면 이 세상은 좋은 일을 하는 좋은 사람들로 가득하고, 엄청나게 많은 **좋은 소식**이 있다는 것을 알고 있으니까요.

어떤 좋은 소식이냐고요?

인간: 인간이 사실은 선하다는 것. 우리는 다른 사람의 고통도 느낄 수 있어요. 우리는 친절하고, 비극은 인간의 가장 좋은 면모를 끌어내기 마련이죠. 우리는 창의적이고, 창의력을 좋은 데 발휘할 수 있어요. 우리는 변화를 불러일으키고 싶어 하고, 위기가 닥쳐오면 실제로 변화를 불러일으킬 거예요.

정치: 사회 운동은 점점 더 활발해지고, 세상을 바꿔 나가고 있어요. 사람들은 투표할 권리를 위해 투쟁했고, 실제로 그 권리를 쟁취했죠. 이전보다 훨씬 많은 숫자의 소수자가 권력을 쥐고 있으며, 나라 간의 차이에도 불구하고 지구에서(그리고 우주에서) 놀라운 일을 이루어내기 위해 협력하고 있어요.

지구: 우리는 이제 큰 문제가 뭔지, 그 문제를 해결하려면 어떻게 해야 하는지 알아요(정말 다행이죠!). 탄소 배출을 줄이고, 자연과 발맞춰 살아가는 법을 아는 원주민들에게 귀를 기울이고 있으며, 점점 더 저렴하고 강력해지는 태양 에너지와 풍력 같은 청정에너지를 사용하고 있죠. 나무를 심고, 걷고, 자전거를 타고, 전기 차를 더 많이 이용하고 있고요. 공해를 줄여 더 **깨끗해지고** 더 **친환경적으로** 변해 가고 있어요.

건강: 이전보다 더 많은 사람이 깨끗한 물과 화장실을 누리고 있어요(화장실은 정말 중요해요.). 인류는 질병과 싸우고, 인간 DNA의 퍼즐을 풀고, 3D 프린팅과 가상 현실 같은 첨단 기술을 사용해 의료 서비스를 개선하고 있어요.

사회: 우리는 세계적 가난과 맞서 싸우고 있으며, 그 노력은 변화를 일으키고 있어요. 전례 없이 많은 학생(여학생을 포함해서요.)이 학교에 다니고 있죠. 여성과 LGBTQ+ 권리라는 면에서 많은 발전을 이루기도 했고요. 인류는 이런 사안에 대해 목소리를 내고 있어요. 인종 차별에 대해서도 그렇고요. 세계는 변화하고 있고, 앞으로도 계속 변화할 거예요.

문화 예술: 오늘날 사람들에게는 선택지가 참 많아요. 책, 영화, 공연, 연극, 무용, 코미디, 음악이 셀 수 없이 많죠! 인터넷, 텔레비전, 그리고 스마트폰 덕택에, 정말 많은 사람이 이런 것을 집에서 잠옷을 입고 간식을 먹으면서 누릴 수 있어요. 정말 고급스러운 예술마저도요. 엔터테인먼트는 전례 없이 다양해요. 세상 곳곳에서 만들어진 영화, 음악, 음식을 즐기게 되었

죠. 그리고 유튜브와 같은 플랫폼 덕택에, 누구나 새로운 것을 배울 수 있어요. 누구나 새로운 것을 만들 수 있고요. 누구나 시인, 춤꾼, 배우, 활동가가 될 수 있어요.

정말 많은 수의 좋은 사람들이 놀라운 일을 해내고 있어요. 그리고 이런 사람들을 찾아내고 이야기를 퍼뜨리면, 좋은 소식이 조명을 받을 수 있어요. 좋은 소식이 받아 마땅한 조명을요. 이게 왜 중요하냐고요? 왜냐하면 좋은 소식은 사람들이 선행을 하도록 영감을 주거든요.

다시 한 번 강조할게요. 세상에 해결해야 할 문제가 없다는 소리가 아니에요. 그런 문제는 분명 존재해요.(그리고 우리는 문제 해결에 힘써야 하고요. 지금은 아주 작은 행동일지 모르지만, 언젠가는 더 크고 더 용기 있는 방식으로 이바지하게 될지도 모르죠.)

즉 제가 하고 싶은 말은 바로 이거예요.

> 세상은 그리 나쁘지만은 않아요.
> 사람들은 그리 나쁘지만은 않아요.
> 희망은 분명 있어요.
> 잘 찾아보기만 하면 돼요.

저만 혼자 이런 말을 하는 건 아니에요. 미국의 배우이자 감독, 사회 활동가인 크리스토퍼 리브의 말을 들어 보세요. 리브는 1970년대와 1980년대에 슈퍼맨을 연기한 것으로 유명했는데, 1995년 승마 경기 중에 말에서 떨어져 척수를 심하게 다친 바람에 목 아래가 마비되었어요. 이후 리브는 장애인을 위해 많은 목소리를 내는 지지자가 되었어요. 척수 손상에 대한 인식을 높이고, 연구를 위한 재단을 세워 의학 발전에 크게 이바지했지요. 리브는 이런 말을 했어요.

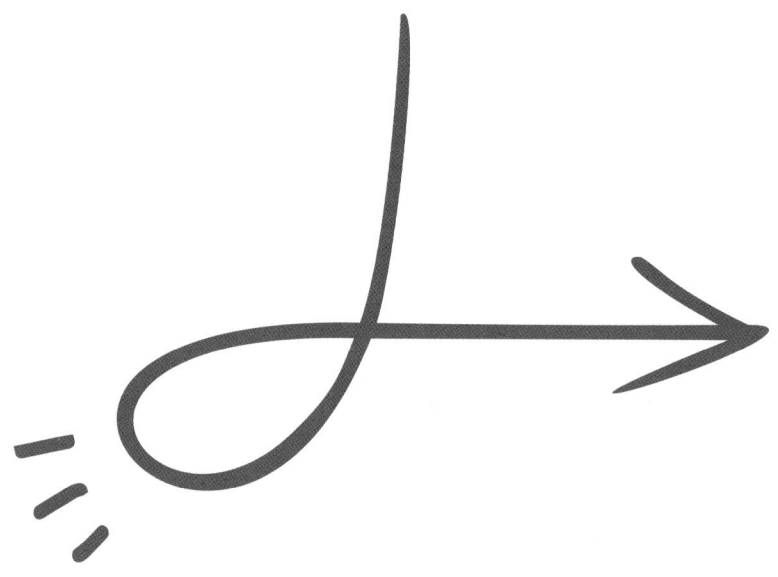

"우리가 희망을 선택하는 순간, 모든 것이 가능해집니다."

크리스토퍼 리브 | 미국의 배우, 감독, 사회 활동가

자료의 주요 출처

이전에 믿을 만한 자료의 중요성에 대해 언급한 적이 있죠? 이 책을 쓰는 데도 그런 자료를 많이 참고했어요(여러분도 알다시피, 이 책은 정보로 가득하잖아요!). 국제 연합(UN), 세계은행, 국제 보건 기구(WHO), 스타티스타(Statista: 독일 온라인 통계 사이트), 아워 월드 인 데이터(Our World in Data: 옥스퍼드 대학에서 운영하는 통계 사이트) 등에서 발표한 자료랍니다. 이런 단체의 연구원들은 세상을 관찰하고 데이터를 분석하는 데 많은 시간을 투자해서, 세상이 정확히 어떻게 굴러가고 있는지 우리가 알 수 있게 해 준답니다. 아래에는 이 책을 만드는 데 사용된 자료 중 일부예요. 어쩌면 여러분도 훗날에 이런 자료를 사용하게 될지도 몰라요.

다이애나 벨티키언·에스테반 오티즈-오스피나 「극심한 빈곤은 줄고 있다: 높아진 빈곤선에 따라 빈곤은 어떻게 변화하는가?」, Our World in Data, 2018. 3. 5. https://ourworldindata.org/poverty-at-higher-poverty-lines (2021. 1. 21. 검색, 이하 동일)

막스 로저 「민주주의-민주주의 국가들의 수」, Our World in Data, 2019. 6. https://ourworldindata.org/democracy#number-of-democracies.

이안 티시오 「전 세계 온실가스 배출량-통계 및 사실」, Stastista, 2020. 9. https://www.statista.com/topics/5770/global-greenhouse-gas-emissions/.

캐서린 셰퍼 「미국이 수정 헌법 19조를 비준한 지 한 세기 후, 전 세계 여성 참정권에 관한 중요한 사실」, Pew Research Center, 2020. 10. 5. https://www.pewresearch.org/fact-tank/2020/10/05/key-facts-aboutwomens-suffrage-around-the-world-a-century-after-u-s-ratified-19th-amendment/.

세계 보건 기구와 유니세프. 「2000-2017 가정용 식수, 위생 시설 및 개인위생에 대한 진행 상황: 불평등에 특히 초점을 맞춰서」. 세계 보건 기구와 유니세프의 합동 보고서, 2019. https://washdata.org/sites/default/files/documents/reports/2019-07/jmp-2019-wash-households.pdf.

세계은행. 세계 인구. https://data.worldbank.org/indicator/SP.POP.TOTL.

유니세프. 「교육: 모든 어린이는 배울 권리가 있다」. https://www.unicef.org/education.

유엔. 「기후 위기-우리가 이길 수 있는 경주」 https://www.un.org/en/un75/climate-crisis-race-we-can-win.

유엔 새천년 개발 목표. https://www.un.org/millenniumgoals/.

유엔. 「세계에서 소아마비가 영구히 사라지는 순간이 그 어느 때보다 가까워졌다」. UN News, 2019. 10. 24. https://news.un.org/en/story/2019/10/1049941.

유엔 지속 가능한 개발 목표. https://www.un.org/sustainabledevelopment/sustainable-development-goals/.

인용문(책의 순서대로)

넬슨 만델라 Nelson Mandela 마스카카네 포커스 위크(Maskakhane Focus Week)에서의 연설, 남아프리카 공화국 보타빌(Bothaville), 1998. 10. 4. https://www.un.org/en/events/mandeladay/assets/pdf/mandela100-booklet.pdf. (2021. 1. 21. 검색, 이하 동일)

미셸 오바마 Michelle Obama 젊은 아프리카 여성 리더 포럼의 기조연설 중 영부인의 언급, 2021. 6. 22. https://obamawhitehouse.archives.gov/the-press-office/2011/06/22/remarks-first-lady-during-keynote-address-young-african-women-leaders-fo.

알렉산드리아 오카시오-코르테스 Alexandria Ocasio-Cortez 「2019년 최고의 순간-알렉산드리아 오카시오-코르테스가 그레타 툰베리와 만났을 때: "희망은 전염된다"」, 2019. 6. 29. https://www.theguardian.com/environment/2019/jun/29/alexandria-ocasio-cortez-met-greta-thunberg-hope-contagious-climate.

오텀 펠티어 Autumn Peltier 「오텀 펠티어와의 만남: 15살의 국제적으로 인정받는 깨끗한 물 옹호자이자 아니시나아베-퀘의 수석 물 위원」 2019. 11. 5.https://www.womenofinfluence.ca/2019/11/05/meet-autumn-peltier-14-year-old-internationally-recognized-clean-water-advocate-and-the-anishinabek-nation-chief-water-commissioner.

코피 아난 Kofi Annan 「UN 보도 자료: 사무총장, 새천년을 위한 유엔의 중요한 역할 강조」, 1999. 12. 15. https://www.un.org/press/en/1999/19991215.sgsm7262.doc.html.

닐 더그래스 타이슨 Neil deGrasse Tyson 트위터, 2012. 7. 31. https://twitter.com/neiltyson/status/230345104433500161?lang=en.

데이비드 애튼버러 경 Sir David Attenborough 영국 BBC 월드 서비스의 「예술의 시간(The Arts Hour)」, 2019. 1. 5. https://www.bbc.co.uk/sounds/play/w3cswq0y.

헬레나 괄링가 Helena Gualinga 「COP25 기자 회견: 아마존 원주민 여성: 행동 촉구」, 2019. 12. 21. https://www.wecaninternational.org/post/people-power-rises-for-climate-justice-at-cop25.

제인 구달 박사Dr Jane Goodall 2018 글로벌 시티즌 페스티벌의 연설. https://news.janegoodall.org/2018/10/01/6539/

안네 프랑크Anne Frank 『안네의 일기(Anne Frank's Tales From The Secret Annexe)』. 수전 마소티(Susan Massotty) 번역, Halban: 2012)

헬렌 켈러Helen Keller 『헬렌과 선생님: 헬렌 켈러와 앤 설리번 메이시의 이야기』, 조지프 래시 지음, AFB Press: 1980).

마르쿠스 사무엘손Marcus Samuelsson 유니세프 탭 프로젝트(Tap Project), 2011. https://www.unicefusa.org/stories/how-unicef-tap-project-brought-safe-water-over-500000-people/30643.

요르단의 라니아 알-압둘라 왕비Queen Rania Al Abdullah of Jordan 2016 글로벌 시티즌 페스티벌의 연설, 2016. 9. 24. https://www.globalcitizen.org/en/content/gucci-chime-forchange-promote-gender-equality-201/.

루스 베이더 긴즈버그Ruth Bader Ginsburg 리드 대 리드 미국 판례(404 U.S. 71) 인용. https://ukhumanrightsblog.com/2020/09/25/a-lifes-work-justice-ruth-baderginsburg-ruby-peacock/, accessed 12 January 2021.

팀 쿡Tim Cook 「팀 쿡이 말하다」, 블룸버그, 2014. 10. 30. https://www.bloomberg.com/news/articles/2014-10-30/tim-cook-speaks-up.

스티비 원더Stevie Wonder 제58회 그래미상 시상식, 2016. 2. 15. https://www.youtube.com/watch?v=V-A9aajfcbU.

프리다 칼로Frida Kahlo 『프리다: 프리다 칼로의 전기』, 헤이든 헤레라 지음 (Bloomsbury: 2018), p. 254.

에밀 졸라Émile Zola 『나의 증오』, 에밀 졸라, 플라마리옹(Flammarion) 판: 2012, p. 62.

크리스토퍼 리브Christopher Reeve 『불가능한 것은 없다: 새 삶에 대한 성찰』, 크리스토퍼 리브 지음 Ballantine Books: 2002, 뉴욕 판. QUOTES (IN ORDER OF APPEARANCE)

찾아보기

가난(빈곤) 57, 58, 102, 114-5, 129, 130, 144, 150
가짜 뉴스 13-16, 20, 21, 23, 24, 54, 60, 65, 67, 89, 95, 110, 149
결혼 평등 52, 122
고대 그리스 44
고대 로마 15
공감 26-7, 31, 38, 39
교육 55, 57, 115-20, 134
교통 수단 83, 84, 87, 88
국제 연합(UN) 21, 56, 57-8, 103, 105, 119
국제 우주 정거장 58, 59
기후 변화 63, 65, 66, 67, 72, 78
기후 위기 49, 67, 71, 78, 87, 89
깨끗한 물 91, 103, 104, 110-1, 114, 150

나무로 이루어진 장벽 74
남아프리카 공화국의 운동가 30, 52
낚시성 기사 17-18
넬슨 만델라 30
노예 36, 45, 124

도심 농장 75
데이비드 애튼버러 경 68

레세인 무툰케이 54
레일라 자나 119
로터리 97, 98
루이스 래티머 128

린다 버니 49

마가리타 엥글 140
마날 알-샤리프 53
마르쿠스 사무엘손 103
마리 코프니 55
마실 물(식수) 93, 103
마커스 래시퍼드 115
마테오 솔리스 31
마틴 루서 킹 주니어 124
마하트마 간디 52
말랄라 유사프자이 55
메리 시콜 128
모리 하마코 135
물 부족 63, 65
미국 대통령 선거 51
미니 핸드북 51-3, 54
미셸 오바마 38
미술관(박물관) 136, 137, 138, 140, 147
민주주의 44-5

바이오 연료 79
반향실 19, 60
박물관(미술관) 137, 138, 140, 146, 147
백신 35, 95-99, 100
뱅크시 140
버락 오바마 49, 55
보이콧 52
보통 선거 46

부패 44
블랙 라이브스 매터 52, 125, 128
빈곤(가난) 57, 58, 102, 114-5, 129, 130, 144, 150
빈곤선 114
빅터 피네다 138
빌&멜린다 게이츠 재단 97, 98, 107

프라이드 축제 123
프리다 칼로 143

사실 확인 22, 51, 110
삼림 파괴 63, 70, 71, 74, 88
생물 다양성 72, 73
성별 임금 격차 121, 129
성평등 120, 121-2, 129
세계 백신 면역 연합 98-9
세계 보건 기구(WHO-World Health Organisation) 21, 91, 97, 98-9, 103
세계 화장실의 날 105-6
세금 102
세바스티안 살리나스 119
소셜 미디어(SNS) 16, 53, 54, 145
소아마비 97, 100
수력 79
수소 67, 79, 80, 86
수증기 63, 86
슈퍼 트리 75
스테이시 에이브럼스 51
스파르타 115
스트롱마인즈 37
스티븐 와무코타 35
스티비 원더 138

시민권 운동가 123, 124, 138
시민의 권리에 관한 법률 124
시위 67, 125, 127, 130, 144
식수(마실 물) 93, 103

아마존 밀림 72
아파르트헤이트 52
안네 프랑크 95
알렉산드리아 오카시오-코르테스 49, 50
앙리 마티스 146
앨런 튜링 122
야생 복원(rewilding) 67, 74, 88
야쿠바 사와고도 77
에드아르두 코브라 144
에밀 졸라 145
예술 치료 142
오스트레일리아 원주민이나 토러스 해협 제도 원주민 46, 49
오염된 물 55
오(誤)정보 14, 110
오텀 펠티어 54, 55
온실가스 63, 67, 69, 70, 74, 78, 81, 83, 84
온실 효과 63-4,
요르단의 라니아 알-압둘라 왕비 117
원주민 45, 46, 49, 71, 72, 88, 89, 144, 150
원주민 권익 활동가 49
위생 시설 94, 104, 105-6, 110, 111
윌리엄 왕자 69
유니세프 103
유전체학 99-100
유튜브 135, 142, 145, 151
의료 서비스 91, 92, 100, 102, 109, 110, 114, 150

인종 차별 124, 125, 127, 129, 144, 150, 152

자전거 34, 67, 87, 88, 89, 100, 118, 150
장애인 인권 운동가 98, 138
재생 농업 77, 88
재활용 35, 53
잭 심 105
저신다 아던 50
전기 차 33, 67, 86, 150
정부 43, 58, 67, 77, 95, 98, 105, 115
정신 건강 지원 37
정치 운동가 145
제리 로슨 128
제이슨 레이놀즈 140
조르주 쇠라 146
조 바이든 51
지열 79

창의력(창의적) 31, 33-4, 35, 37, 38, 39, 66, 99, 101, 110, 139, 142, 147, 149
천연두 97
첼시 페어 143
출처 20-1
친절 7, 27, 28, 31, 37, 38, 39, 139, 149

카멀라 해리스 49
카우스 140
코로나-19 30, 31, 91, 97, 101, 104, 115, 134, 136
코로나-19 백신 99

탄소 63, 64, 69, 70, 74, 77, 82, 128
탄소 배출 9, 67, 86, 150

탄소 포집 기술 68
태양열 9, 67, 75, 78, 79, 80, 82, 107, 119, 150
토머스 에디슨 128
톰 무어 경 31
투표 36, 43-9, 51, 54, 61, 121, 150
투표권 운동가 51
팀 쿡 123

패러디 23
풍력 9, 67, 78, 79, 80, 82, 150
풍자 23
프로파간다 15
플로렌스 나이팅게일 128

해초 목초지 77
핵심 노동자 101, 111
행진 52, 53
허위 정보 14
헬레나 괄링가 73
헬렌 주가비브 144
헬렌 켈러 98
화석 연료 63, 64, 79, 86, 88
화장실 91, 94, 105-7, 110, 111, 138, 150
확증 편향 19
환경 보호 운동가 68
활동가 38, 44, 49, 51-3, 54-5, 61, 67, 73, 117, 122, 145, 151, 152, 153
흑인 45, 49, 51, 52, 124, 125, 127, 128, 140
흑인 민권 운동 124-5

LGBTQ+ 122-3, 129, 150
NHS(영국의 국민 의료 제도) 31, 102